不懂理财

你怎么能过好日子

投资小李 ◎ 编著

清华大学出版社

北京

图书在版编目(CIP)数据

不懂理财,你怎么能过好日子 / 投资小李编著. —北京:清华大学出版社,2016
ISBN 978-7-302-45171-6

Ⅰ.①不… Ⅱ.①投… Ⅲ.①投资—基本知识 Ⅳ.①F830.59

中国版本图书馆 CIP 数据核字(2016)第 234086 号

责任编辑:张立红
封面设计:邱晓俐
版式设计:方加青
责任校对:李跃娜
责任印制:杨 艳

出版发行:清华大学出版社
    网 址:http://www.tup.com.cn,http://www.wqbook.com
    地 址:北京清华大学学研大厦 A 座   邮 编:100084
    社 总 机:010-62770175   邮 购:010-62786544
    投稿与读者服务:010-62776969,c-service@tup.tsinghua.edu.cn
    质 量 反 馈:010-62772015,zhiliang@tup.tsinghua.edu.cn
印 装 者:三河市吉祥印务有限公司
经 销:全国新华书店
开 本:170mm×240mm   印 张:17.5   字 数:204 千字
版 次:2016 年 11 月第 1 版   印 次:2016 年 11 月第 1 次印刷
定 价:45.00 元

产品编号:071329-01

家庭是一个人心灵的港湾。拥有一个富足安康的家庭是每一个人为之不懈奋斗的梦想。可自古樱桃好吃树难栽，梅花香自苦寒来。在憧憬家庭幸福的时候，您是否真的为家庭的幸福付出了真正的努力呢？或许您会说：我勤奋工作，我生活节俭，我努力存钱。仅仅做到这些是远远不够的。

祖辈人常说："吃不穷，用不穷，不会算计一世穷。"而现代人的理念是："你不理财，财不理你。"对于我们上班一族来说，辛辛苦苦创造的财富，一定要发挥它的最大价值，学会管理自己的金钱。如果你不具备驾驭财富的本领，那么你的这些血汗钱就只是"露水财富"，来也匆匆，去也匆匆。就在几年前，当中国股市如火如荼、牛气冲天的时候，无数工薪阶层惊喜地发现，在工资背后还有这么一片能够结出累累硕果的自留地。而在今天，工资的涨幅远远跟不上房价的涨幅，迫使人们不得不去关注理财。

著名的成功学大师拿破仑·希尔曾说过："其实赚钱并不难，难的是，如何找到一种好的赚钱方法。只要掌握一个好的赚钱门道或方法，每个人都可以成为富翁。"如今，随着现代的理财观念和各类理财工具的不断出现和更新，理财对于一个家庭来说已不再是一个陌生的概念，它无时无刻不在影响着人们的生活。

理财是自己的事情，买进哪只股票、投资哪块房产、买何种保险，最终的决策只能你自己做出，别人只能给予建议。市场上那些形形色色的"股评家""理财专家""投资顾问"，他们往往只会从自身利益出发，自然免不了会有"王婆卖瓜，自卖自夸"之嫌。而靠道听途说或者捕风捉影来理财也是不可取的。纵有一时得利，也只能算作旁门左道，不能持久。因此，学习一些必要的理财知识和技巧，对于一个家庭来说显得尤为重要。

人生的智慧其实是很简单的，投资方法和技巧无非也就那么几条。我们知道，金融大亨巴菲特在投资市场叱咤风云，靠的就是价值投资与长期投资两大法宝。其实这也就是当前市面上无数"投资秘籍""理财宝典"等投资理财书的基本思路。所谓"运用之妙，存乎于心"，大道理谁都懂，关键是如何去运用这些"秘籍""绝招"。与其他领域的能力培养一样，除了极少数人具有天赋外，大多数人对投资理财能力的培养没有所谓的捷径，那种"七天成为理财专家""十日学会科学理财"的理财书籍无非是赚个噱头，迎合大众急功近利的心理而已。那种信誓旦旦地向您承诺，三天就能成为理财高手的各色培训班，他们不是骗子就是疯子。理财是一门科学，更是一门艺术，它需要一步步地学习、一天天地实践。

古语讲"授人以鱼，不如授人以渔"。本书用简单凝练的语言和形象生动的故事，系统全面地介绍了家庭理财的各种诀窍与方法，从股票、基金、债券、储蓄、保险到期货、黄金、外汇、地产等不同投资领域，阐述了家庭理财的核心内容。希望本书能帮中国家庭树立正确的理财观念，掌握科学的理财方法，通过有效的投资手段使你手中有限的财富达到稳健快速地增值。

如果您现在已经初步掌握了一些理财知识，不妨拿出一部分积蓄小试一下牛刀。纸上得来终觉浅，绝知此事要躬行。将所学的理财知识应用于实践，在实践中检验所学可以达到事半功倍的效果。如果您对股票投资的知识已经了解，可以先买几只股票，试一下股市里的水有多深多浅。赚了也不要以为自己可以包打天下，赔了更不必灰心丧气。一次的输赢并不能代表成败，只有经历了几番涨涨落落，只有把书本的知识与自己的投资心得融会贯通，您才会成为一个成熟理智的投资者，一个幸福家庭的缔造者。

学习决定命运，理财改变人生。每个家庭都有追求幸福的权利，每个家庭都有成为小康之家的机会，千万不要在等待、观望中让幸福付诸东流。衷心希望本书能成为指引你实现幸福的灯塔。

本书由投资小李主笔编写，其他参与编写的人有王冬姣、吕琨、李慧敏、黄维、金宝花、梁岳、张驰、孙景瑞、苗泽、李涛、刘帅、景建荣、胡雅楠、焦帅伟、李信、王宁、鲍洁、艾海波、张昆等。

编著者

目 | 录

第四章

高收入家庭怎样去理财

第五章

中等收入家庭怎样理财

第六章

低收入家庭怎样去理财

第七章

新婚家庭怎样去理财

第八章

单亲家庭怎样去理财

第九章

"孩奴"家庭怎样去理财

第一章

理财让你的家庭不再贫穷

俗话说得好"你不理财，财不理你。"一个家庭，要想让自己的财富越来越多，就得做好相应的理财工作。那种幻想着一夜暴富的家庭，往往得不到属于自己家庭的财富。对于财富规划得越好，在同样的收入状况下，就可以让你的家庭生活更有保障。

第一节　六个有用的理财观念

当一个家庭去投资理财的时候，可供选择的理财项目和理财方式有许多。每一个项目都有其不同的获利方式，每一种理财方式又会得到不同比例的收益。但是，在理财的过程中有六个基本的理念应该引起高度的重视。这六个基本的理念，对理财的成功会起到很重要的促进作用。

观念之一：抓住赚钱的最佳时机

一个家庭要想拥有更多的财富，只是一味地压缩开支，并不能真正达到理财的目的。只有扩大自己的收入渠道，使家庭的收入不断增加，才会有更多的财可以"理"。增加家庭收入，最重要的是要选择好的投资理财项目，并抓住赚钱的最佳时机。否则，通过理财来增加收入，只能是一种幻想。

吴先生是一个普通的市民，他的家庭并不富裕，生活的压力迫使他想办法去扩大自己的经济来源。在经过一段时间的考察之后，他发现向外界出租汽车是一个很好的赚钱项目。当时这个行业的现状是：向外界出租新汽车的公司有许多，他们主要针对公务人员以及其他可以报销相关费用的人员。但是，对于中低收入群体来说，他们买不起车，但是又不愿意去花太多的钱去租新车。吴先生发现了这个市场空白之后，没有犹豫，立即拿出自己仅有的几万元积蓄，组建了一个由10辆旧汽车组成的小型车队。

一年以后，吴先生又组建了"丑小鸭"汽车出租公司。此后不久，开始转入出租车特许经营的阶段，他在其他地方开设分公司。不到10年的时间，吴先生已经拥有600个特许联号的分公司。他也从一个普通人而一跃成为富翁。

吴先生的事例告诉我们，当一个家庭去投资某一个理财项目的时候，一定要抓住最佳的时机。吴先生如果没有及时抓住旧汽车出租的最佳时机，而是犹豫了，被其他的人占据了先机，他就不可能拥有后来的成功。

观念之二：要做好家庭收入和支出的记录

有的家庭，把日子过得稀里糊涂。每个月的收入是多少，不清楚，支出多少，也不知道。他们所做的就是去消费，等到手中没有钱的时候，才意识到"这个月又花超了"。一个家庭，要是抱着这样一种态度，即使他们挣得钱再多，他们的日子也是不会过好的。所以，理财一定要做好收入和支出的记录。这样到月底的时候，就可以对这个月的整体消费情况做一个总结，然后根据实际的情况调整下一个月的消费状况。

王女士是一个很会理财的妻子，6月份家庭的收入为5000元，而支出是4500元。这4500元的支出，在她的账目上，每一分都可以找得到。她意识到6月份的支出过于大，于是她详细地分析记录的条目，把一些可以省去的消费项目记录下来。比如：6月份，王女士花550元买了一条裤子，而且这一条裤子，自己只穿了一天，就放到柜子里了。她觉得这样太过于奢侈。在7月份的消费预算中，她就把可买可不买的物品全部移除。结果，7月份家庭总支出是3000元。7月份她的家庭拥有了2000元的节余。

居家过日子，做好家庭收支记录，可以为正确审视消费现状和调整下一阶段的理财策略，提供一个好的材料。每一笔的收入和支出都明明白白地体现出来，既能把日子过明白，又有利于家庭的和睦。

观念之三：投资的项目比数目更重要

有一句理财名言说得好："别把所有的鸡蛋放到同一个篮子里。"有的家庭，在进行投资理财的时候，一次性投资许多个项目。这样考虑的出发点是：即使有的项目没有得到较好的收益，其他的项目还可以用来作为补充，这样可以在一定程度上减少家庭投资的风险。但是，在实际的操作过程中，往往出现投资了许多项目，哪一个项目也没有得到理想的收益。这是因为投资的项目太多，没有过多的精力去关注。与其投资许多的项目，不如投资一个好的项目。只要对这个项目做好相关的准备，看好其前景，取得较好的收益并不是一件太困难的事情。

张先生是一个普通的公司职员，当身边的朋友和同事都去炒股票、买基金的时候，他却没有跟风。在他经过一番考察之后，发现了一个很好的项目：卖早餐。原来，在张先生上班的大厦里，有大约5000人的上班族。上班族基本都是提着烧饼和油条，急匆匆地走进大厦。张先生在大厦旁边租了一间屋子，雇了几个人在这里专门卖"张氏早餐"。许多人都笑话他，别人都在跟着时代走、炒股票、买基金、开办自己的公司，而你却在这里卖早点。张先生并没有把别人的话放在心上。几个月下来，让人吃惊的是，"张氏早餐"每个月的平均收益比他上班工资的3

倍还多。这个看似很不起眼的"张氏早餐"项目，为张先生带来了不小的财富，也增加了他家庭的收入。

投资一个理财项目，只要有前景，我们可以用更多的精力去关注它。如果一次性投资许多的项目，由于没有太多的精力去关注，收益不一定就很可观。

观念之四：认清自己的实际现状

中国有句古语："看菜吃饭，量体裁衣。"当一个家庭在进行投资理财的时候，一定要认清自己家庭的现状，不要一味地去投资高风险的行业。投资高风险的行业，虽然成功之后会得到较高的收益，但是，其潜在的风险和危险，也是要慎重考虑的。有的家庭，如果去投资股票，即使没有取得什么收益，甚至亏得血本无归，对于这个家庭来说也没有什么太大的影响。但是对于有的家庭来说，一旦亏损整个家庭将一无所有，甚至债台高筑。

石女士是一个普通的上班族，她的丈夫也是一个上班族。她们有一个女儿，还有每个月1000多元的房贷要还。她看到身边的姐妹们都去炒股票。她听姐妹们说："用不了多长时间，赚的钱就可买上一辆宝马汽车。"她的心里一阵激动，也决定去炒股。但是，她又怕赔了对家里没法交代。于是，她借了姐妹们的钱去炒股，前几个月股票涨了，石女士得到很好的收益，把借的钱也还上了。她看到了希望，越做越大，又向姐妹们借了10万元去炒股。这一次，她幻想着几个月之后就可以还清房贷，还能再买一辆汽车。可是，这次幸运之神并没有光顾她。她买的股票跌了，姐妹们向她要债，家庭陷入了更加艰难的困境。

当我们要去投资某个项目的时候，要认识清楚，自己的家庭是不是能够承受其风险。如果不能一定要放弃，因为投资是有风险的，越是高利润的项目，其风险越大。

观念之五：投资理财要有一颗冷静的心

对于一个家庭来说，他们之中所有的成员都想过上富足的生活。因此，怎么去得到更多的收益，就成为一个提上日程的问题，家庭的中心人物不得不考虑怎么增加收益。去投资一个好的项目，成为许多家庭的首选。不管是去买基金、买股票，还是去做实业，对于家庭的中心人物来说，都要有一颗冷静的心。那种一看到别人做什么，自己也跟着去做什么的人，一般都得不到较好的收益，甚至会血本无归。

陈先生是一个很有头脑的人，他看上某上市公司的股票。股民朋友都说他傻，这样的股票怎么可能涨呢？但是，他已经看到了这只股票的价值。果然，半年之后陈先生购买的股票上涨了10倍。这时候，他身边的朋友也跟着去买该股票。正当股票一路上涨的时候，陈先生又把股票抛出。身边的股民朋友又说他傻，这么好的股票用不上几天就能再翻倍，你怎么抛了呢？结果，陈先生抛后的第三天，该股票暴跌。

陈先生之所以能在股市中游刃有余，除了他的专业知识之外，还在于他有一颗冷静的心。他不像其他投资股票的人，一味地跟风。一看到某股票涨就赶紧买进，一看到跌就马上抛，这样的人，没有一颗冷静观察与分析的心。而陈先生却是一个很冷静的人，他能够根据各方面的信息做出一个正确的判断，从而让自己的投资更加有意义，同时也为他的家庭带来了较好的收益。

观念之六：让时间来为你理财

当一个家庭去理财的时候，有一个因素是很重要的，那就是时间。时间虽然不能直接为我们得到财富，但是只要把握好这个因素，是可以帮助普通的家庭理出大财来的。

有一个李姓的女士，在1995年的时候，她做出了这样一个决定：每个月为自己的家庭投资100元，存到一个固定的账号中。从1995年开始，李女士每个月都会往固定的账号中打入100元，20年以后她的账号中有24000元。对于李女士一家来说，虽然这24000元并不是一个太大的数字，但是却可以用来做许多事情。但是，100元能做什么呢？可能买一件衣服，或者去饭馆吃一顿大餐都不够。

我们照这样的思路下去，如果一个家庭去投资某个理财项目，每个月能得到500元的收益，20年后这个家庭将会拥有12万元的财富。对于一个家庭来说，这12万元可不是一个太小的数目。

时间是无情的，也是不能重复的。只要一个家庭，能在每一个时间段持续积累一定数量的财富，那么不久的将来，就会拥有一笔不小的财富。让时间来为你的家庭理财，这并不是一个神话。

对于不同的储户来说，总会有一种属于自己的独特理财观念，只有适合自己的才是最好的。将这些常用的观念和自己的具体实际结合，其指导的意义才能真正发挥出来。不能一味地将这些理论套在自己的身上，这样只能适得其反，达不到理财的目的。在一定的时间段之内，选择适合自己家庭的理财方式，并坚持一定的时间，取得好的收益还是很容易的。

第二节　理财大家的投资理财之道

对于一般的家庭来说，选择某个项目进行投资理财，除了要创造一个好的投资环境之外，家庭本身的主观优势也是不可或缺的因素。对于那些已经取得成功的人物，他们的传奇背后给我们传递的是一种创业之路。家庭投资理财，要是能够从成功人物的成功之中找到其主观优势，并用在自己的身上，对理财的成功会起到很大的促进作用。

讲诚信的李嘉诚，最终取得了成功

在华人世界里，当人们谈到富翁的时候，就一定会提到李嘉诚的名字。对于他的成功，有许多不同的传奇。但是，当我们细细品味这些传奇的时候，其实我们能读到两个十分有分量的字，那就是"诚信"。

"我绝不同意为了成功而不择手段，如果这样，即使侥幸略有所得，也必不能长久。"这是李嘉诚的一句名言。李嘉诚在创业初期，以生产塑胶花起家。当时，他手上一没有充足的资金，二没有先进的生产技术和设备。所雇佣的工人，也是一些工作经验不足、工作能力不强的新手。有一个外商需要大量的塑胶花，但是令人遗憾的是，这位外商所要的货物，李嘉诚的工厂无论是数量还是质量都达不到要求。没有人愿意与李嘉诚合作，李嘉诚只能将自己的工厂的现状如实地对外商说明白。

这位外商听到李嘉诚的话后感到非常意外。在以金钱为先导的生意场上，还有这样"实事求是，讲信用""出淤泥而不染"的人。外商在经过一番调查之后决定预付款，作为李嘉诚更新设备和技术、扩大生产规模的资金。在经历过这一次事件之后，李嘉诚以一个优秀的企业家的形象一举成名。这种巨大的信任，来源于李嘉诚一贯的讲诚信。

赵大伯是一个普通的农民，为了增加自己家庭的收入，在农闲的时候，他就会拉上一车自家产的干果到附近城市的市场上去卖。有一次，赵大伯拉了一箱子杏仁杏干，到附近的明城去卖。刚开张不久，一个老师傅走过来对他说："老哥，你这些干货啊，我都要了。只是我得去厂里办点事情，等我回来再来取。你可给我留着。"

赵大伯很爽快地答应了。赵大伯就坐在自己的摊前，一袋接一袋地抽着旱烟，他等啊等啊！那个师傅还不来，眼看天快黑了。旁边有一个小伙子看见赵大伯着急的样子，就对他说："老爷子，你不是被人骗了吧？这么半天，还不来取货。您要是零称着卖，早就卖完了。"

赵大伯没有说话，只是笑了笑，还接着抽他的旱烟。等到太阳落山的时候，那个师傅终于来了，一个劲儿地给赵大伯说："对不住！真对不住，老哥！领导找我开会，一开就是半天。让您在这儿等了多半天。"那个师傅，付了赵大伯钱。赵大伯提出要帮那个师傅把干货送到家里去。那个师傅笑着说："老哥，您还是快回家吧，天都黑了。我自己雇辆车拉回家吧！对了老哥，我现在已经很少见到像老哥这样讲诚信的人了。我们单位啊，每年都需要大量的山货。我给您写个地址，以后你就从你们那边收购一些送到我们厂里就行，价格好说。"从此赵大伯就专门从家里收购山货，直接送到老师傅的公司。没有几年，赵大伯家盖起了楼房，也买了一辆汽车。

如果赵大伯听信那个年轻人的话，如果赵大伯不坚持自己的诚信立场，而是不等那个师傅，他的干货也能卖出去，而且价格也不会太低。但是，那样赵大伯就不会得到以后的机会——收购山货然后直接送到工厂去。

比尔·盖茨的成功之道

现代社会，当我们想要去投资某一个项目的时候，就会惊奇地发现一个问题：一般我们能想到的投资项目，只要去市场上做一下调查，就会意外发现，这个项目已经有人在做，而且已经做得很好。如果我们能做一个项目，它在未来有很大的发展空间，而现在又没有人去做，那么，你一定会为你的家庭带来一笔不小的财富。

20世纪70年代中期，当世界上的人们对于个人电脑这个事物还没有一个清醒认识的时候，有一个20岁的年轻人却看到了个人电脑未来的前景，这个人就是比尔·盖茨。1975年，年少的比尔·盖茨和他的好朋友保罗·艾伦，用1000美元创立了一个小公司——微软公司（Microsoft）。创业之初，微软为国际商业机器公司（IBM）设计磁盘软件，编写DOS操作系统。

据相关统计数据，到1996年的时候，微软已经占领操作系统软件市场84%的份额，拥有资产近200亿美元，完全可以和IBM一较高低。这时候的比尔·盖茨，也迎来了他人生中的辉煌时期。对于那些曾经对他从哈佛大学辍学有许多看法的人来说，都不得不改变对他的看法，并享受由比尔·盖茨所带来的快捷的电脑操作。微软之所以能取得如此大的成就，除了质量和信誉等因素之外，比尔·盖茨对于未来市场的预见性是至关重要的。

孙师傅是一个电影院的放映师，20世纪90年代初期，单位组织了一次去南方的参观活动。他发现在广东地区基本上每家都有一台黑白电视机，而孙师傅所在城市黑白电视机很少。于是，孙师傅就留意打听黑白电视机从广东的厂家购进的价格，又打听出在他所在的城市的零售价。孙师傅惊奇地发现，除去运费和其他开支，这其中还有巨大的利润。而且，在孙师傅生活的城市，黑白电视机是稀缺产品，如果自己从南方购买一批，一定能带来不小的收益。

孙师傅打定了主意，拿出多年的积蓄3万元，又向亲戚朋友借钱，凑足了10万元。从深圳的一个黑白电视机厂家购买了一批黑白电视机，拉到孙师傅所在的城市，没出一个星期全部销售完毕，而且还有许多预订的。这一趟孙师傅赚了10万元。他很高兴，又继续跑了几次，不到半年孙师傅就为他的家庭带来了150万的收益。他身边的人看到孙师傅挣了钱，也纷纷到南方去购买电视机，然后拉回来卖。由于市场的供求关系发生变化，后来的黑白电视机价格一路下降，有许多的人都亏了本。

正因为孙师傅是第一个"敢吃螃蟹的人"，在他所在的城市，当人们都没有对黑白电视机的未来市场有意识的时候，孙师傅看到了市场的需求。他的家庭，也从一个普通的职工生活水平，而一跃成为当地的首富。

做好充分准备，一路坚持的马云

随着中国现代化的发展，如果要去投资某一个项目，并最终取得较好的收益，一定要经过一系列的挫折和磨难才可以。但是，有的投资者急于成功，不了解行业的现状，提出一些不切实际甚至带有"大跃进"式的目标。这样的投资往往在其开始就注定了失败的命运。当然，这并不是说快速的取得投资收益是不可取的。

马云是中国互联网界的一个名人，他从1995年创办第一家网站到2005年，阿里巴巴和雅虎合作，成为当时中国最大的互联网公司，经历了11年的蛰伏。我们先不考虑其他因素，单就这11年的时间跨度，就足

以说明马云的恒心和魄力。

　　了解互联网行业的人都知道，一个网站平台在建立初期一般都不赢利。我们甚至可以用"花钱请网民来看"这句话，来描述一个网站在建立初期的境况。这个初期可能是几个月、几年，甚至更长。马云能一路走过来并坚持到最后，这种精神是一个创业者所应该具备的。这与那些刚建起一个网站、上线不到一个月就盘算着让网民往他口袋里汇钱的投资者相比，更多了一种对行业的预见性。

　　陈女士是一个精明的农民，在一次农闲的时候，她和村里的几个姐妹到城里的服装厂打工。她发现加工内衣，虽然表面看上去利润很小，但是，如果要是大批量的加工，也会取得不小的收益。回到家中，她和丈夫商量要自己开一个加工内衣的小店。丈夫觉得，虽然这不是什么大的项目，但是也能为家里增加一些收入。

　　陈女士用2000元作为成本，开了一个加工内衣的小店。一年过去了，陈女士心力疲惫，却仍是只得到很少的回报，这与她想象的结果存在很大的差距。丈夫和家里的人都劝她放弃。但是，陈女士并没有放弃。她一方面改进自己的产品质量，另一方面也自己树立了一个品牌。虽然表面上看她的小店越做越大，但是收益经常低于预期。从一定意义上讲，陈女士是一直在赔着钱经营她的小店。

　　坚持了两年以后，她接到一个大的订单。从此以后，她的内衣品牌，一下子在市场上火了起来。陈女士抓住这个机会，继续提升产品质量，扩大生产。不久，陈女士的内衣系列产品已经能够出口到十几个国家和地区。同时，也为她的家庭带来了巨额的收益。

　　陈女士顶住了压力，能一路坚持到最后，最终取得了成功。如果她只开了几天小店就放弃了，那么陈女士的产品也不会出口赚取外汇。

　　名人们的投资理财都有着各自的不同，但是有一个共同点：那就是他们的投资理财历程都符合自己的实际情况，并具有非常良好的操作性。普通的家庭投资理财，只要从中吸取自己所需要的营养即可，不能一味地只是去模仿和学习，否则将会带来很不利的影响。不但最后达不到理财的目的，反而会损失不少的财富和时间。

第三节　家庭投资理财的基础知识

提到家庭理财的时候，有的人会觉得，理财好像是一件很神秘而且有很大操作难度的事情。但事实上，只要您了解一些理财的相关基础知识之后，就会体会到，理财其实并没有我们想象的那么复杂。只要家庭投资者在投资过程中能正确运用这些基础知识，理财就会变得很轻松。

家庭理财要一步一个台阶

首先，在理财之前，要对自己的家庭有一个客观真实的认识。比如：家庭的主要经济来源是什么？是不是有失业或者半失业的情况？家庭主要收入成员的工作是不是稳定？未来几年要实现哪些梦想？类似的问题，都要做到心里有数。否则，你的家庭去投资理财，一旦出现问题，后果会很严重。

小周是一个刚毕业的大学生，工作时间不到一年。她没有稳定的工作，基本处于半失业状态。她的大哥有一份稳定的收入，一个月收入5000元。二哥也处半失业状态，他的收入只能养活自己一个人。父母都是退休工人，退休金加起来共2000元。小周觉得自己是一个大学生，去别人的公司上班一个月挣不了多少钱。于是，她也去炒股，刚开始是小数额的购买股票，后来她向朋友借钱，一次性购买了5万元的股票。结果，股票出现震荡，小周血本无归。朋友向她要债，她没有钱，只好向父母和大哥借钱。

对于小周来说，自己的家庭本来经济就很紧张，自己又没有稳定的收入。她竟然借了5万元去炒股，这就没有认清自己的家庭现状。

其次，在理财之前，要有一定的储蓄做基础。对于那些刚刚结婚的新婚夫妇来说，要首先制定一个具体的储蓄计划，等到自己的家庭有一定的积蓄以后，再去进行理财投资，千万不要心急火燎地去投资。对于那些已经有一定积蓄的家庭来说，去投资理财的时候，要选择好与自己的储蓄基础相适应的产品，运用一些科学合理的操作技巧，千万不能好高骛远、急于求成。

小张和小王是一对裸婚的新婚夫妇，在享受蜜月生活的同时，夫妇两个就制定了一个储蓄和理财计划。第一年，家里要有2万元的储蓄存款；到第二年的时候，用1万元作为家庭应急储蓄，另外1万元去购买基金；到第三年的时候，根据实际情况再去投资风险大一点的理财项目。小张和小王按照规划来进行理财，到第四年的时候，他们的小家庭已经拥有4万元的收益，夫妇两个又拿出2万元去投资一些理财项目。到第五年的时候，他们的家庭已经有10万元的固定存款。

小张和小王这一对裸婚的新婚夫妇，从一无所有到有10万元的固定存款，小日子过得有滋有味。这来源于他们先是制定了一个储蓄计划，等到有一定储蓄以后，再根据实际去进行投资理财。

第三，家庭理财要选择好投资方向。一个家庭有了一定的储蓄之后，在进行投资理财的过程之中，一定要选择一个好的投资项目。千万不能投资那些看不到未来和前途的项目，以免让自己的家庭受到太大的损失。

钱先生的家庭是一个富足的家庭，在市中心有一套100多平方米的房子，有自己的车，还有一个自己的服装厂，日子过得十分惬意和舒适，属于一个小的千万富翁。一次机会，钱先生看到身边的老板们都去炒地皮，成功之后都有数十亿的身价。钱先生于是也拿着服装厂的周转资金去炒地皮，结果一年下来，投出去的资金没有收回来，银行又不为他的服装厂提供贷款，他破产了。房子被抵押用来还债，存款也被冻结。这时候，传来消息他购买的地皮存在违法操作，投进去的钱全打了水漂。妻子带着孩子离他而去。

当我们的家庭有一定的储蓄之后，去投资理财一定要选择好的投资方向。一旦选错了方向，其后果将可能是十分严重的。如果钱先生没有投资去炒地皮，而是选择基金或者其他的方向，也许悲剧就不会在他的身上发生。

理财不能一味地缩手缩脚

首先，家庭理财不要认为就是把钱存到银行里。把钱存到银行里，让自己的家庭有一定的积蓄，这只是理财最初级的阶段，是下一步理财投资的一个基础。如果通货膨胀严重的话，把钱存到银行里所得到的利息远远低于通货膨胀的幅度，那么这样的理财其实是失败的。

郑老师是一个普通的中学教师，她的收入每个月就是2000元的工资。她的生活很清贫，每个月都会把节余的钱存到银行，每月拿出1000

元存到银行的储蓄账户中。她预计着等到手中有20万元的时候，在县城买一套房子。可是当郑老师存了20年钱，手里终于有20万元的时候，她惊奇地发现，现在连县城的房价都涨到5000元一平方米了。存了20年的钱，在市里买不到房子，在县城竟然连80平方米的房子也买不到。她后悔当初要是贷款买房，现在贷款早还完了，而且还能拥有一套100平方米的房子。

随着理财投资产品数量的增多，现在可供选择的产品是很多的。如国债、基金、股票等。只要走出银行储蓄这一个"城"，理财收益其实很丰厚。

其次，家庭理财投资要控制投资风险，但是不要一味地排斥风险。和专业的投资公司相比，家庭理财投资的数额较小，因此其风险也小。但是这并不意味着，家庭理财投资就一定要远离风险投资，一定的投资风险还是应该承担的。在进行家庭投资理财的时候，投资风险并不可怕，可怕的是没有意识到理财投资的潜在风险。只要在进行理财投资之前做好投资的理财规划，并对潜在的风险做一个有效的评估，准备好相关的应对措施，取得收益还是很容易的。

左女士的家庭有一定的积蓄，她和老公盘算着要去做一点理财投资。他们先请了一个专业的理财策划师根据他们家庭的现状做了一个详细的理财策划。理财策划师建议他们去购买定期国债，虽然投资的周期有点长，投资的数目也有点大，但是其收益还是很丰厚的。于是，左女士拿出50000元去购买新发行的定期国债。3年以后，在通货膨胀越来越严重的情况下，到期的国债为他们的家庭带来了一笔小小的财富。

在进行家庭理财投资之前，对投资的风险做到心中有数，当风险来临的时候，并不像想象的那么严重。

家庭理财要重视"三商"

一对夫妻在对他们的家庭理财事务进行实际操作的时候，有三个主观因素直接关系到投资理财的成功与否。这就是夫妻双方的智商、情商、挫折商。

在家庭理财的过程中，"三商"中"智商"的作用是排在第一位的。通常情况下，夫妻双方的智商和其投资理财的获益额度是成正比的。这里所说的智商指的是夫妻双方对理财知识的掌握程度，运用起来是不是熟练，是不是能及时捕捉到对自己有利的理财投资信息。

小冯和她的爱人，两个人一起来做家庭投资理财。他们两个对于投资理财都有很详细的了解，理财知识的掌握和运用都很到位。对于基金、股票市场的操作流程以及如何规避风险等，他们都有一套独特的见解。他们拿出家中的积蓄去购买股票。他们不跟着别人走，而是找到适合自己的股票，在合适的时机买进，到了最佳的时机再卖出。不到一年，他们的财富就从10万元增加到了20万元。

如果小冯夫妻两人，对于投资理财的知识没有一个较深刻的理解。他们投资股票也一味地跟着别人走，他们的股票投资肯定不会得到预期的收入。

在家庭理财的过程之中，"三商"中"情商"的作用是排在第二位的。夫妻双方都拥有较高的智商，对于投资理财的知识掌握得比较好。但是，他们的情商都比较低，夫妻双方缺乏有效的沟通，动不动就因为意见不一致而大吵大闹。今天这个说："你没有本事，挣不到更多的钱，以至于家里没有足够的钱。"明天那个说："你不会过日子，买一条裤子就花500块钱，太浪费了。"在这样的情况下，理财是不可能取得好的收益的。

小赵夫妇是闪婚，双方的家长都反对他们两个在一起。虽然他们结婚之前没有更多地了解和接触对方，但是，他们两个的情商都很高。结婚不到一年，就拥有10万元的积蓄。然后，他们拿出5万元去投资理财。在投资理财的过程中，除了能够进行有效的沟通和交流之外，当遇到特殊情况时，一方发脾气或者心情不好的时候，另一方都能保持有效的忍让和克制。结果不到五年，他们就拥有200多万元的积蓄，还买到一栋100平方米的房子。

在进行投资理财的过程中，夫妻双方如果没有较高的情商。动不动就激动，对另一方发脾气，而另一方又不能保持有效的情绪克制。这样不但得不到应有的理财收益，家庭都有可能支离破碎。

在家庭理财的过程中，夫妻双方的"挫折商"也是很重要的。这里所说的挫折商，不仅仅是指理财投资没有成功，夫妻双方都要有足够的心理承受能力，而且还指，当理财投资取得阶段性成效之后，也要保持一种良好的心态。

小吴夫妻两人，都是学经济学的硕士。两个人对理财投资有着他们很独到的见解。他们有属于自己的公司，夫妻之间也经常沟通，家庭理财投资一直都很顺利。但是，前几天股市突然暴跌，股票在一夜之间变成一堆废纸。而两人公司，也在这个时候出现了问题。但是，他们两个共同坚持下来，度过了人生中的这一道难关。没过几年，他们又过上了富裕的生活。

小吴夫妻双方的挫折商都很高，在面对理财投资挫折的时候，他们坦然面对。如果他们挫折商不高，其结局将会不同。

对于家庭投资者来说，不能老是想着从理财中一下子得到巨额的财富。这种思想要不得，我们所要做的是一步一步地让自己的财富升值，在合理的范围之内增加投资理财的金额，以获得更多的收益。在投资理财的同时要不断地自我完善，以使得自己各方面的能力不断得到提升，为以后的进一步投资理财奠定强有力的基础。

第四节　银行储蓄产品

对于一般的家庭来说，在投资理财的初期，最好采用银行储蓄的办法来进行理财。这样可以让您的家庭积蓄一定数目的财富。有了这个财富做基础，再购买其他种类的理财产品。对于不同的家庭，可以选择不同的银行储蓄产品。

银行储蓄产品之一：活期储蓄

银行活期储蓄的优点在于它没有一个固定的存款期限，可以随时存取款，存取的金额也没有一个固定的限额。如果需要取款，只要到银行的营业厅就可立即取款。如果营业厅结束营业，只要到提款机前取就可以，不用受时间的制约。它的缺点在于利率比较低，不适合做大笔的投资。储户可以把工资卡办成活期的，以方便存款、取款。代扣电话费、水费等，也可以采用活期储蓄的方式。退休人员由于年龄的原因，经常会时不时地需要取款，如果存成定期的，到用钱的时候取不出来，很耽误事。老年人可以把养老金存成活期的，任何时间都可即时取到现金。

小冯把夫妻两人的工资卡都办理成活期的。交水费、电费、房租等费用都从工资卡里出。一旦两个人工资卡剩余的总额达到1万元，小冯就把钱取出来存到另外的理财账户上。根据当时家庭的实际情况，去购买其他的理财产品。小冯的父母是退休的双职工，由于两个人身体状况一向很好，家庭的经济条件也还可以，女儿又孝顺，所以基本用不着养老金。但是老王夫妻还是每三个月就把账户上的养老金取出来，转到一个活期的银行卡上。平日里，家里日常生活的开支以及生病住院等，都可轻松应付。

从存取款便利的角度来说，如果只是求方便，活期存款是普通家庭的首选。

银行储蓄产品之二：整存整取

银行整存整取储蓄的优点在于它的利率比较高。通常情况下，50元起存，期限越长其利率就越高，家庭储蓄所得到的收益也就越大。整存整取的存期最短为三个月，最长为五年。储户只要将本金一次性存入银行，银行发给储户存单作为凭证。存款到期之后，储户只要凭存单和个人身份证明，就可将本金和利息一次性取出。整存整取受时间因素影响较大，如果存款期限未到，储户提前取款，就会失去很大一部分利息。

结婚三年了，小孙夫妇手中有10万元的闲置资金。他们家有房子有车，平时他们的时间一直都很宝贵，两个人又不想去购买股票等费心费力的理财产品。五年之内，他们都用不上这一笔钱。于是，夫妇两个就把这一笔钱分五份存为整存整取，每一份2万元，期限为五年。这样，一旦临时需要钱，不得不去取这部分资金的时候，也不会出现让整存整取"前功尽弃"的局面，避免使其他几份利息受到影响。并且小孙夫妇把存款和自动转存结合起来，这样，就算存款到期了，没有及时去取，存款会自动转存，从而避免因为没有及时去取，之后的时间利息按照活期来计算。

如果您的家庭有一定的闲置资金，在一个固定的期限内不使用，并且您又没有太多的时间去购买股票等理财产品，银行储蓄产品的整存整取是一种不错的选择。

银行储蓄产品之三：零存整取

银行零存整取储蓄的优点在于储户在存钱的时候负担较小。通常情况下，5元起存，具体的存款金额由储户自己来定，银行只是按照储户确定的金额来执行。零存整取的利率比较高，它能够将小额的资金逐渐聚积起来，并获得一定的利息收入。这对当下的"月光族"和"打工一族"来说，强制性地将小额资金聚积起来，一年以后，手中就会有积蓄。缺点在于储户一旦和银行约定好数额之后，就必须每个月都存入一次，如果这个月没有存，下个月一定要补上。否则，银行会视为储户违约，之后的利息计算方式就会改变，按照同期活期存款的利率来计算。

小杜夫妇两个都是打工的"蚁族"，两个人的平均月薪3000元多一点。两个人从一结婚开始就在银行开了一个零存整取的账户，账户的期限为三年，每个月和银行约定好存入1000元。随着时间的推移，两个人的收入也越来越多，但是他们一直坚持每个月向零存整取的账户中存入1000元。三年之后，夫妻两人不仅有36000元的存款，还得到了一部分利息。再加上这三年一边拼命工作挣下来的3万多元，他们惊奇地发现，已经拥有近10万元的家庭储蓄。

如果小杜夫妇没有开设那个零存整取账户，每个月的1000元钱也基本就消费出去了。结婚三年之后，他们可能只拥有3万多元的家庭储蓄。3万元和10万元的差距，是不言而喻的。

银行储蓄产品之四：存本取息

银行存本取息储蓄的优点在于存款所得的利息可以分期来支取，这是与其他的储蓄产品相比独特的地方。存本取息产品5000元起存，对于那些手头上有一定存款基础，而且又经常会有一些小额的消费支出的家庭，采用存本取息的方式来储蓄，一方面可以保证本金的安全，另一方面经常性的小额消费也有了出处。其缺点在于虽然利息可以分期来支取，但是本金只有到期之后才能够全部取出来，中途如果要取出本金，银行就会把支付的利息从本金中扣除。

小沈夫妻都有稳定的工作，家里有房有车，还有一个正在上小学一年级的女儿。女儿每个月都要约200元的教育消费支出。小沈夫妻两人商量，拿出10万元存成存本取息的银行储蓄产品，存期为五年。这样，每隔三个月小沈就会到银行去取利息，五年之内他的家庭都是这样来支付女儿日常的教育消费。五年之后，小沈取回10万元的本金。对于他的家庭来说，五年的日常教育消费没有用家里的钱。

小沈夫妻，如果不拿出10万元存成存本取息，女儿的日常教育消费他们也能承担得起，但是，可能就会每个月都超支，显然不利于家庭的理财。

银行储蓄产品之五：整存零取

银行整存零取储蓄的优点在于储户可以分次支取本金，约定的期限到期之后，还可以支取存款的利息。通常情况下，整存零取1000元开始存起，期限从一年到五年。储户支取本金的时间可以事先和银行约定好，期限一般是一个月到半年之间。到了约定的期限，储户只要拿着银行提供的存单就可到银行支取本金。缺点在于储户只有到约定的期限之后，才能够支取应得的利息。

小蒋夫妇两人开了一家小的服装店。每个月都要拿出大约2000元钱到服装厂去取货，常常从这个月的经营业绩中提取，这增加了他们核算的难度，也不利于家庭的理财。夫妻两人商量后决定，每年都拿出2万元存成整存零取，存款年限为一年，本金的支取期限为每隔一个月支取2000元。这样，2万元作为成本，每个月的业绩就可单独核算，一方面易于业绩的核算，另一方面年底还能得到一点利息。

对于那些每隔一定的时期就要有固定财务支出的人来说，办理整存零取是一个很好的选择。让银行来帮你做好相关的支出账目，期限到了之后，还能得到一定数额的利息。

银行储蓄产品之六：定活两便

银行定活两便储蓄的优点在于只要一次性存入本金，不需要和银行约定期限。通常情况下，50元就可以开始存起。定活两便储蓄方式的利率，处在活期存款和定期存款之间。银行会根据实际存款数量的大小来计算利率。银行可以向储户提供实名制的存单，也可以向储户提供不记名的存单。记名和不记名的区别在于，记名存单遗失以后可以挂失，不记名存单遗失以后不能挂失。

小石夫妇手头上有2万元钱，暂时还不知道具体的用处。除了日常的生活开支之外，就是三个月之后他们要用剩下的钱去购买新的家具和家用电器。如果这2万元拿去购买理财产品，一方面，三个月也不会有什么太大的收获；另一方面，日常生活的开支就要从其他的账户中提取。如果存到银行，活期的利率又太少。他们在咨询过相关的专业人士之后，决定到银行存成定活两便。三个月之内，要是需要钱，就从这个账户中取一些，如果不需要就在这个账户里存着。三个月之后，除了日常花销剩下的13000元之外，还能得到一点利息。

三个月之内，如果有一笔不太大的资金，没有什么大的支出，存成定活两便是一种不错的选择。

银行储蓄产品之七：通知存款

银行通知存款储蓄的优点在于存款利率相对比较高，储户在存款的时候不用和银行约定存款的具体期限。只要在需要支取的时候，提前通知银行就可以。通知存款有七天通知和一天通知两种产品。通常情况下，5万元开始存起。缺点在于储蓄起存资金的起点比较高。

小朱夫妇手头有10万元的资金，一时间不知道去投资哪个项目。于是，他们就把这10万元存成通知存款。半年之后，小朱等着用钱，事先通知银行，七天后要去支取5万元。可是，等到第七天的时候，小朱临时有急事不能去取钱。他觉得已经和银行约好去取钱，晚一天也不会有什么影响的。可是到第九天的时候，小朱去取钱，银行却告知他支取的这5万元只能按照活期存款的利率来计算，因为小朱没有在第七天把钱取走。小朱后悔不已，本来很好的一件事，却让自己把事情办砸了。

一旦办理了通知存款之后，储户一定要在通知的时间之内去支取现金，不能提前也不能往后推，支取的金额不能多于通知的数额，也不能少于通知的数额。这是一定要注意的。

对于储户来说，要多关注银行的相关政策变化。如果银行加息了，长期的存款就有点吃亏，不妨去倒一下折子；如果降息了，就要收紧自己的存款，在银行的政策之间穿梭。不管是哪一种储蓄业务，都要根据情况的变化适当的调整自己的理财时间和数目，以得到最大的收益。适当地做出一些调整，在有限的时间里就能得到多一些的收益，这对于储户来说是一件绝妙的事情。

第五节　投资基金收益稳定

对于大多数的家庭理财者来说，投资基金作为一种稳定而又收益较高的投资方式，正在受到越来越多家庭的欢迎。在坊间有一种传言："只要投资基金，就一定会赚钱。"在这种传言的误导之下，有许多并不清楚如何投资基金的家庭，就盲目地用大笔的资金去投资基金，结果被套住，从而遭受到巨额的损失。家庭理财投资，把基金作为一种方向，一定要注意投资的风险，并把握好一些基金投资的基本原则。

把握好基金投资的三个基本原则

原则之一：长期持有原则。

与股票投资相比，基金投资作为一种业绩较好的理财方式之一，它是由专家组来进行相关运作的，风险远比股票投资低得多。但是，这并不代表投资基金就不存在风险。由于受整体国民经济及国际市场的影

响，基金投资有时候也会出现低迷时期。纵观这几年中国基金市场的发展，一路走过来的基金，绝大多数都有着极好的业绩。

小江夫妻结婚五年，手中有一定的积蓄。他们在经过多方考察之后，从2004年开始，投资1万元购买了某公司的三种基金。在2006—2007年之间，由于中国资本市场出现了牛市，小江夫妻的基金一路升值，他们没有急于求成将手中的基金换成现金，而是继续持有基金。在2008—2009年之间，中国资本市场又出现了低谷，这时候，小江夫妻并没有像其他的家庭那样急于赎回基金，而是坚持持有。因为小江夫妻对于基金投资有一个相对较全面的认识，并一路坚持下来，一直持有某公司的基金到2010年。现在，小江夫妻手中基金的价值已经高达10万元以上。从1万元到10万元，对于一个普通的家庭来说，此种投资理财方式有什么不好呢？

原则之二：组合投资原则。

投资基金有一个忌讳，那就是最好不要"把所有的资金都投入到某一项基金上"。由于不同的基金有不同的投资风险，所得到的收益也是不同的，所以家庭理财最好坚持组合投资的原则，在不同的时期，根据各自不同的实际情况来投资基金。这就要求理财家庭在投资基金的时候，对于股票型基金、混合型基金、债券型基金以及货币型基金有一个全面的了解，并根据资本市场不同的状况做出适当的调整。

常女士夫妻两人，每个人的月收入都在1万元以上。经过几年的积累有了一定的基础，他们去征求理财专家的意见，应该如何去进行基金的投资。常女士的计划是拿出2万元全部去投资股票型基金，这样虽然风险大一些，但是收益也会相对较多。但是，理财专家给她的意见却是不同。由于当下基金市场已经走过了一段辉煌的上升阶段，未来的市场可能会出现低迷，也可能仍持续上升。为了降低风险，尽量采用混合型基金加债券型基金，再适当地投资股票型基金。最后，常女士决定采用混合型基金加债券型基金的组合投资方式。在遭受到一个阶段的市场低迷之后，常女士的家庭还是得到了一定数量的收益。组合投资，让她的家庭减少了不必要的损失。

原则之三：积少成多原则。

在银行储蓄的时候，有一种零存整取业务。同样，在投资基金的时候也有类似的业务。对于普通家庭来说，可以采用在一定时期内投资一定数额的资金，这就是基金的定投业务。基金投资只要按照事先的约定零散地去投资就可以。其投资的起点一般都很低，有的甚至200元就可以进行投资，最高额度没有限制。这种定投业务，低收入家庭来说也可以进行投资，如果需要赎回等操作时，手续很便捷，也减少了成本。

左先生夫妻有一个三岁的孩子，为了给孩子积攒教育资金，他们决定去投资基金。但是，他们两人每个月只有约1万元的工资，还要还房贷。当他们对基金市场做了一个详细的了解之后，发现可以进行基金定投。从2005年开始，左先生的家庭，只要每个月拿出几百元投资基金。到2010年年末的时候，他们已经为自己的孩子攒下了上高中和大学的教育费用。对一个小家庭来说，一点点的积累、积少成多显然是一种不错的选择。

基金投资的九大误区

对于家庭投资来说，因为其投资的资金都是自己多年的血汗钱，所以一定要尽可能减少风险，让自己家庭的资金尽可能不受损失。这就要求，家庭理财投资基金的时候，要尽可能避开基金投资的误区。

误区之一：投资哪种基金都是一样的。

对于那种认为只要投资基金就一定会得到收益，所以选择任何一种基金都一样的说法，一定要引起家庭投资者的注意。在同样的资本市场环境之下，投资的基金不同，所得到的收益也会有多有少。家庭在投资基金的时候，一定要仔细挑选，千万不能随便地去投资购买某基金。在挑选基金的时候，一定要选择那些信誉比较好的管理公司。在选择基金的过程中，一定要挑选那些业绩很优异的基金。对于管理基金的团队也要做一番考察，以降低投资风险，保证收益的稳定性。

宋先生的家庭，在2009年年初的时候，投资了一种货币基金和两种股票型基金。用于投资货币基金的数额为1万元，用于投资两种股票型基金的数额分别为1万元。到了2009年年底的时候，用于投资货币基金的收益，一直较为平稳；而用于投资股票的情况，却有着巨大的差别。业绩好的股票型基金，其收益达到了100%以上，而业绩较差的那一种股票型基金，其收益甚至不到30%。

误区之二：只有业绩排名靠前的基金，才值得去关注。

在基金投资的过程之中适当关注基金的排名，能够从中得到以往基金的状况，为家庭投资基金提供一个参考。但是，投资基金的时候，不能一味地只关注基金的排名，把基金排名作为投资基金的一种标准。对于按照周或者月的业绩来排名的基金来说，即使它的名次很靠前，也只能说明短时间内的业绩。对于年度排名来说，排名靠前，说明其过去的业绩不错。投资基金要综合考察其业绩，选择业绩长期稳定的，并将风险因素考虑进去。

庄女士的家庭，也想要去投资基金。庄女士一味地关注基金的排名，当她把资金投入到排名第一的基金三个月之内，由于资本市场发生变化，庄女士所投资的基金，没有给她带来收益，反而损失了不少。庄女士就去理财专家那里咨询："为什么，我投资的是排名第一的基金，没有得收益，反而损失了不少呢？"专家在了解了庄女士的情况之后，告诉她投资失利的原因。原来庄女士投资的那一个基金，虽然是排名第一，但却是月排名第一。由于基金的收益是一个长期的投资过程，只有选择投资长期业绩都好的基金，才能得到收益。庄女士于是又对基金市场做了一个新的综合考察，重新去选择长期业绩好的基金，一年后庄女士的家庭得到了一笔不小的收益。

误区之三：投资新的基金，不如去投资老的基金。

对于基金市场中的基金来说，经常会有一些新的基金出现。通常情况下，由于老的基金有过去的业绩作为一种参考，家庭投资者可以更好地选择基金。但是，对于新出现的基金来说，由于其没有过去的业绩，而未来的状况仍存在很大的不确定性。所以，家庭投资者不容易做出投资决定。当股市处于一个持续的上涨时期时，老基金的仓位高，投资老的基金可以得到更多的收益；当股市处于一个持续下跌的时期时，新基金的仓位低，投资新的基金，其下跌的幅度比老基金要小。对于普通的家庭投资者来说，选择基金要根据实际的股市的现状来决定投资新基金还是老基金。如果股市是处在一个上涨期，则可以选择老基金；如果股市处在一个下跌期，则可以选择新基金。

于女士的家庭是一个高收入的家庭，于女士拿出5万元的资金去投资基金。她听朋友说，投资基金就是要选择新出的，这样涨得快，得到的收益也很多。于女士就去投资新基金，结果正好赶上股市出现牛市，她购买的新基金的涨幅远远低于老的基金。于女士心里着急，就赎回新基金，买成老基金。可是，股市突然又下跌，于女士购买的老基金下跌的幅度很大，而她朋友的新基金却没有太大的下跌幅度，于女士对于自己的损失很痛心。当她明白自己失误的原因时，心中后悔不已。

对于基金投资者来说，一方面要选择几种好的基金，这样可以提供一种更好的投资保障；另一方面要长期地持有所投资的基金，不能三天打鱼两天晒网。在不出现大的变动的情况下，要把眼光放长远一些，不能因为一时的小波折，而失去了原本属于自己的收益。

第二章
投资要承担必要风险

　　对于理财投资来说，越是收益高的产品，其所承担的风险就会越大。以家庭为单位的投资理财者，要先认清自己家庭的现状，再选择相应投资风险的产品。对于一些人所期望的，没有任何风险而能取得较高收益的理财产品是不存在的。

第六节　投资股票的成功与失败

对于现在的家庭来说把投资股票作为一种理财的手段，已经不是什么新鲜事了。但是，怎样才能避免和降低股票投资的风险呢？怎样才能让投资股票的成功率大大提高呢？这就需要家庭投资者具备以下几种基本能力。

能力之一：要对股票有一个较为详细的了解

现在，市场上的股票有许多种。作为家庭投资者，在去购买某一只股票之前，一定要对这一只股票及其上市公司有一个完整而详细的了解。这只股票是哪一个上市公司的股票？这家上市公司是一家怎样的公司？该上市公司的经营业绩和发展前景如何？如果是上市很久的股票，还要了解其最近几年的上涨幅度、现状等。对某一只股票，有了一个详细的了解之后，再决定是不是要去投资购买它。

吴先生的家庭是一个富有的家庭，经常会有闲置的资金。于是，夫妻两人决定去投资股票，以取得更好的收益。由于两个人对于股票没有一个全面的了解，刚开始他们投资1万元，很随意地购买了几只股票。过了三个月之后，他们所购买的股票一路下跌，赚钱的美梦一下子化为泡影，1万元的资金赔进去一半还多。夫妻两人并没有因此而放弃投资股票，他们找到一些理财的专家，听取他们对于股票投资的讲解。这时候，夫妻两人才如梦初醒，原来投资股票并不像别人传的那样"只要去投资，就能够得到收益。"

吴先生夫妻两人又从头开始，先选择业绩比较好的行业，然后再选择好的上市公司，再去选择业绩较好的股票。他们认真学习了投资股票应该学习和掌握的知识技巧、在实际操作中应该注意的问题等一系列的事项。夫妻两人再一次拿出1万元去投资股票的时候，他们能够做到得心应手。半年之后，他们得到了属于自己家庭的那一份收益。

能力之二：把握好股票投资中种类和数量这两个基本因素

以家庭为单位进行投资理财，由于家庭承担风险的能力有限，所以最好去选择那种收益较为稳定的股票种类。对于那种风险系数特别高、投资成本特别大、获益周期特别长的股票，一定要根据自己家庭的实际能力慎重选择。无论是业绩差的股票还是业绩好的股票，家庭投资者最好都不要购买太多。尤其是对于那一种短期内业绩很好的股票，以家庭为单位的投资者，一定不要购买太多。因为股市的风险是不言而喻的，过多地投资股票，一旦出现风险，对于家庭理财并不会带来什么好处，也不符合家庭理财的基本原则。

刑女士的家庭，房子和车子都有，夫妻两人又都是高收入，所以他们可以拿出一部分资金去投资股票。对于股票，他们两个并不陌生，都有一定的了解和研究。当他们拿出5万元去投资股票的时候，问题却出现了。这5万元应该怎样来分配呢？是一次性投资几只高风险的股票还是多购买几只风险较低的股票？刑女士去找理财专家，请他们帮忙策划。理财专家了解到刑女士的情况之后，建议她分两类去投资。

"由于现在股市动荡，您可以拿出一小部分资金去投资风险较大的股票。投资这类股票，虽然风险高，但是股票上涨以后所得到的收益也大。即使股票没有取得多大的收益，损失也不会太大。另外的一大部分资金，您可以去投资那些业绩较好且风险相对较小的股票，最好不要只投资某一只股票，要多投资几种不同的股票。这类股票，一般情况下，个股收益虽然不是太大。但是，只要你的数量多一些，收益还是很可观的。"听了理财专家的建议之后，刑女士觉得很有道理。于是，她就把自己一小部分的资金去投资高风险的股票，大部分的资金去投资业绩良好、风险较小的股票。她选择了三种不同的小风险股票。一年之后，高风险的股票，在经历一番挫折之后，没有什么收益，还赔了不少。而小风险的股票，却得到了丰厚的收益。除去大风险股票的损失，刑女士还得到了一笔小小的财富。

能力之三：正确分辨所谓的"内部消息"

"圈子"这个概念，对于不少人来讲，都有着特殊的意义。股票圈子里，经常会传出一些所谓的"内部消息"。"某某股票，在一个月之后，就会涨到多少多少？""某某股票，在两个月之后，就会一跌到底。"等等诸如此类的传言。对于普通的家庭投资者来说，当我们听到这些所谓的"内部消息"的时候，一定要谨慎对待。这种内部信息的背后，是不是隐藏着巨大的阴谋？或者这信息的背后，是不是某些投机分子故意散布的假消息？有的家庭，就是因为轻信了所谓的内部消息，大量购买了某些业绩和前景都很差的股票，最终让自己的家庭蒙受了巨大的经济损失。

冯先生是一个普通的上班族，他的家庭并不是太富裕。生活的压力促使他不得不去拓宽自己的经济来源。他看到身边许多人都去投资购买股票，而且收益还很可观。冯先生是一个细心而又冷静的人，他并没有像其他的人那样心急火燎地去炒股。一方面，冯先生学习股票的相关知识和操作技巧；另一方面，他去接触身边炒股的朋友，了解他们成功的秘诀。

在经过一段时间的学习之后，冯先生对于股票已经有了一定的了解，而且他还从朋友那里得到投资股票成功的秘诀，那就是："炒股要有内部消息，才能确定去投资那一种股票。"这让冯先生很意外，原来投资股票还得有内部消息。

于是，冯先生利用自己的关系网去获取所谓的"内部消息"，并利用这些内部消息尝试用小额的资金去投资股票。经过一段时间的投资之后，股票有涨有跌。细心的冯先生发现，有时候所谓的"内部消息"会带来一定的收益。但是，消息所带来的收益很快就会突然消失。在这一涨一跌之间，如果细心的研究，抓住涨的过程，尽快收割利益，是会取得一定收益的。冯先生没有完全相信所谓的"内部消息"，但是，他通过"内部消息"分析到一些未来股市的信息，再综合自己对现实市场的了解，还是得到了一笔不小的收益。

能力之四：遇到股票上涨或者下跌，要做到戒骄戒躁

对于普通的家庭投资者来说，一定要有一颗冷静的心。当投资的股票在上涨的时候，一定不要让所谓的胜利和骄傲冲昏了头脑；当投资的股票在下跌的时候，也不要简单地断定股票没有希望。对于股票的整体走势，一定要冷静分析，综合各方面的因素来做出正确的判断和决策。千万不能一见到股票上涨，就疯狂买进；一见到股票下跌，就疯狂抛出。在整个的投资过程中，始终要保持一个冷静的心，做到戒骄戒躁。

稽女士是一个急性子，随着生活成本和现实压力的增加，她越来越

觉得手中的钱不够花。于是，为了让自己的家庭有更多的收入，她决定拿1万元去投资股票。她选择了两只业绩比较好的股票，每一只投资5000元。三个月之后，其中的一只一路上涨，而另一只一路下跌。稽女士盯着上涨的股票，心中有说不出的高兴和畅快；盯着下跌的股票，心中有说不出的难受和纠结。于是，情急之下，她把下跌的股票全部抛出，剩下的资金全部用来投资上涨的那一只。谁知道过了三个月，上涨的股票突然一路下跌，稽女士心中万分焦急，为了减少损失，她把股票全部抛出。一查剩下的钱，已经只剩下一点点了。当稽女士再次关注股票的时候，她发现原来下跌的股票又一路上涨。稽女士只能默默为她的损失而忍受着痛苦的折磨。

能力之四：要有一双能透过现象看本质的"火眼金睛"

对于家庭投资者来说，购买股票就是为了获得收益。如果股票下跌，投资失败对家庭的影响可能是深远的。股票的上涨和下跌，受许多因素的影响。当一个消息传来，股市受到其影响，就有可能上涨或者下跌。这种上涨或者下跌，可能是临时的，也可是长期的。对以家庭为单位的股票投资者来说，一定要学会通过消息来看清其可能对未来股市产生的影响。社会上发生的一些事件，也可能会对股市产生影响，投资者也应该觉察到。否则，当事件真正影响到股市时，股市就已经发生了变化。

钱女士是一个很精明的妻子，她用家中节余的钱去投资股票。她给自己设定了一个投资的额度，就算股票涨得再厉害，她也不会过多地购买。她总是通过各种消息得出一种自己的结论。通过这种结论，再去改变投资股票的方向和种类。有一次，钱女士手中持有某公司的股票，当她在电视上看到，这家上市公司的高层领导刚刚集体出了车祸。钱女士立刻意识到，这个事件可能会影响到她手中股票。于是，她果断地把手中的股票全部抛出。果然，第二天，受车祸的影响，该公司的股票开始下跌。而钱女士的股票在下跌前已经兑换成了现金，避免了一次意外的损失。

对于广大的股票投资者来说，一定要对于股票投资有一个十分清醒的认识。股票投资的风险，是不可能回避的，千万不要试图想办法，让自己的股票没有风险。那样尝试的结果，大多数情况下，都会损失更多。在投资的过程中，不断地增加自己的认知和判断能力，以便将投资过程中的风险降到最低，这样才能得到真正属于自己的那一部分收益。

第七节　用好长线、短线和波段操作

股票投资被越来越多的人看作是一种快捷的理财方式。这种理财方式，如果用得好，可以得到丰厚的收益；但是用不好，也会带来巨大的损失。对于广大的散户来说，千万不要去跟风，这样很容易让自己的股票投资处于一种危险的境地，不仅得不到应有收益，甚至连本钱也会折损许多。在股票投资中，可以根据自己的实际情况，采用不同的操作方式，以最大程度降低投资的风险，取得较好的收益。将投资股票作为一种理财方式，而不是一夜暴富的手段，这一点一定要引起广大理财者的警示。广大散户在具体操作的时候，不妨采用稳定一点儿的操作方式。

操作方式之一：长线股，放长线钓大鱼

　　长线股，顾名思义是一类回报周期较长的股票。投资长线股，我们不能一看到涨就万分高兴，不断地买进；也不能一看到下跌，就急于将其抛出。之所以去投资长线股，看重的就是一个长期投资的收益，这个周期至少要在一年以上，甚至更长的时间。这么长的一个投资周期，会占用散户一定量的资金，所以在选择长线股的时候，一定要选择那些长期稳定的股票。如果选择的长线股，不到一年的时间就淹没在股市之中，投资者是得不到收益的。

　　在投资长线股的时候，最好选择那些实业类的股票。对于国家重点支持的大项目，其后续会有许多的公司加入，发行的股票也会有很多种。投资者在选择的时候要擦亮自己的眼睛，选择那些真正有前景的股票。选择好股票种类之后，还要选择最佳的时间买进，这样可以降低投资的成本，所获得收益也会相对增加。一般在长线股处在调整或者很低的波段时买进，坚持两年左右的时间，投资就可以得到收益。这一种投资，对于具体的股市操作和敏锐度要求相对较弱一些，只要选择好长线股，剩下的就是时间的问题。如果散户没有这方面的条件，支撑不了这么长的时间，就不要去投资长线股。

　　老程夫妻是一对退休的职工，每个月都有约8000元的退休金，再加上儿女给的抚养费，二老每个月有约2万元的闲置资金。老程是一个喜欢冒险的人，虽然已经退休了，他还是喜欢搞一些大动作。他看到别人去投资股票，于是他也去尝试。在对当下的股票市场做了一定的观察和分析之后，他决定购买三种不同的股票，而且，这三种股票都是实业类的股票。老程对于自己的认识是十分清楚的，所以他没有贸然地去胡乱投资，而是对于这三类股票进行了长线的投资，放长线钓大鱼。投资的周期分别是一年、两年、三年，投资的成本分别是3万、

不懂理财 你怎么能过好日子

2万、1万。

当有些人知道老程的情况之后，就暗地里说风凉话：这么大岁数了还去玩股票，真是挣钱不要命了。股票是年轻人玩的游戏，你一个老爷子，纯粹是钱多烧得慌，拿钱出来赌博玩的。老程得知这个消息之后，并没有太多的反应，而只是坦然一笑。因为老程的心里非常明白，虽然自己是在冒险，但是和当下那些想一夜暴富的人不一样。他并不想从股票上得到巨额的财富，他想要的收益，只要比银行的利率收益高一点就行。所以他选择长线投资，期限到了之后，取得一定的数额的收益是肯定的。三年之后，老程投资股票的钱全部收了回来，虽然中间股票有涨有跌，但是整体算下来，老程还是得到了不少的收益。

操作方式之二：短期见效益，玩转短线

在投资股票的时候，有一些散户没有太多的资金，有限的资金只能坚持几个月甚至更短的时间，而长线股需要两三年的等待，他们坚持不下去。这个时候，可以去进行短线投资。在进行短线操作的时候，对于投资者的个人素质就会提出很高的要求。投资者要想在短期内从股票投资中得到收益，就一定要对股票的涨跌有一个良性的判断和认识。在一定时期内，以低价买进再以高价抛出，就能取得收益。只要投资者在可预见的时间内可以得到收益就可以抛出，不用考虑以后会不会再涨，或者会不会再跌，这些跟他们都没有关系。

小刘是一个经济学的博士，对于股票有很高的热情，也在技术上有不错的造诣。他在一家证券交易所工作，天天能接触到各种各样的股票，并对它们的走势有着属于自己的独特判断。他和一般的股票投资者不同，他不会盲目地去跟风，不会像其他的散户那样，看到某几只股票疯狂上涨就赶紧买进，一看到跌了就疯狂抛出。他总是和一般人的做法

不同，当众股民一窝蜂去购买某几只股票的时候，他只是默默坐在那里，几天也没有任何的动作。而当股票一连几天疯狂下跌的时候，他却选择好机会大量买进。当股票再次上涨的时候，他却全部抛出。

在短线投资上，小刘不仅有着敏锐的观察力和分析力，还有灵巧的操作技术，这就使得他能在波谷与波峰之间自由的穿梭，其个人所得到的收益也是很丰厚的。对于小刘来说，只要他去投资股票，总是喜欢做短线的操作，以至于有的朋友称他这是在老虎的嘴里拔牙。小刘的投资信条是："我就是要让股票迅速地开花结果。"虽然小刘对于股票短线操作有客观的认识，但是股市的风险他还是十分清楚的。对于每一笔投资，他都严格控制着投资的数量，只获取一定的收益即可，他从来没想着从股市中一夜暴富。时间一久，他投资股票，所获得的一笔笔小收益，给他带来一笔不小的财富。

操作方式之三：机动灵活的波段操作

所谓的波段，我们通俗理解是在价格最低的时候买进股票，而后在价格最高的时候卖出。从理论上讲，这样可以得到最大限度的收益。价格最低的时候，正好是股票处于波谷的时候；价格最高的时候，正好是股票处于波峰的时候。波谷和波峰的状态，我们从理论上可以理解。但是，波谷和波峰具体在什么时候出现，这是一个很难预测的事情。所以，投资者只要在最接近波谷的时候买进，在最接近波峰的时候卖出，就可以得到较丰厚的收益。

对于长线投资来说，其波段实际上是一个平均的波谷和波峰，因为它的波长一般都很长，至少要一年。只要整体是一个上升的态势，暂时的涨跌对于投资者的影响其实并不大。对于短线投资者来说，其影响就相对较大。理论上讲，只有波长越短的时候存在最大的差价，投资者才能够取得相应的收益。这个把握起来就有很大的难度，投资者一定要时时注意所购买股票在股市中的位置和动向，尽量能够相对较准确地判断出波峰可能出现的时间，最好在出现之前将股票抛出去。

郑老师是一个很有智慧的人，在复杂的股市投资中他总能得到自己应有的那一份收益，这让许多人都十分羡慕。不管是长线投资还是短线投资，他总能把握好，并找到最佳收益的波段。在进行长线投资的时候，他能根据股票的升值空间以及市场的具体变化，而准确找到买进的点和卖出的点，并合理选择属于自己投资的波长。他如果没有很强的理论分析能力和对于市场的敏锐判断，这是不可能做到的。在进行短线的操作时，他能在众多的投资者还在迷惑的时候，看准对自己有利的波段，迅速投进1万元到2万元，几个月之内抛出股票，收益还是相当丰厚的。

对于普通的散户来说，要想在投资股票的过程中得到较好的收益，要把握好属于自己的波段。投资不同的股票，在不同的外部环境之下，所得到的回报也是不一样的。不管是长线还是短线，都不要做一夜暴富的美梦，否则的话，只能陷入一种无法自拔的怪圈之中。

第八节　家庭投资选择什么样的债券

对于一个家庭来说，投资债券是一种风险较小的理财方式。只要能使债券保持原有的价值，其到期后所得到的收益还是很可观的。面对现在的债券市场，在外部环境相同的情况下，只有选择好的债券，才能得到更多更有保障的收益。那么，一般的家庭投资者，应该怎样去选择债券呢？

选择类型之一：政府债券

由于政府债券是以政府的名义发行的债券，其债券的利息是由政府来承担。所以，在种类繁多的债券市场中，政府债券的信用级别是最高的，因此也是最安全的一种债券。对于家庭投资者来说，投资政府债券，毫无疑问是最适合的选择。

小林夫妇刚结婚不久，他们手中有一点积蓄，盘算着去做点投资理财，以得到一些收益。两个人对于股票、基金什么的，不是太懂，又没有太多的时间去关注；把钱存到银行，又觉得利息太少。于是，他们就认准了政府债券。两个人把手头上的2万元钱全部用在政府债券的投资上面，一年以后他们得到了一笔不小的收益。和投资基金的人相比，虽然收益有一点少，但是，也少了一些关注的时间和精力。他们可以用节约下来的时间和精力去把自己的工作做好，更加轻松愉快地生活，这也是符合理财的原则的。

政府债券人作为一种国家发行的债券，由于其信用级别非常高，所以其流通性非常强。政府债券，除了可以在证券交易所进行相关的交易之外，还可以在证券交易所之外进行转让交易。这对于家庭投资者来说是一个非常好的信息。如果投资者手中持有部分政府债券，当手头需要现金而债券的期限还没有到，家庭投资者就可以将手中的债券转让出去。一般转让的时候，和原来购买债券的价格相比较，仍可以得到一部分收益。

金先生的家庭是一个普通的职工家庭，手中有一点存款，但是数量不是太多。为了能得到多一些的收益，他们拿出5万元去购买政府债券。按照原先计划好的，等到债券的期限到了，就会给他的家庭带来一笔小小的财富。但是，半年之后，他的家庭急需要一笔钱去办理一些事情。当金先生正在着急的时候，忽然得到了有朋友愿意用高价购买他手中的债券的消息。经过一番沟通之后，金先生将手中的债券转让给了他的一个朋友，并从中得到了1万多元的收益。

在债券市场中，政府债券还有一个其他类型债券没有办法拥有的优势：政府债券可以享受免税的待遇。对于家庭投资者来说，在利息同等的情况下，享受免税的待遇，无疑是让您的债券投资多得了一点收益，也让您的家庭所获得的实际收益比其他的债券要多。

褚女士夫妻两人，手头上有3万元的闲散资金。经过一番商量之后，两人一致同意用来投资债券。可是，在选择债券的类型上，两人发生了分歧。丈夫的意思是想去投资企业债券，因为企业债券的利息要比国家的高一些。妻子的想法是去投资政府债券，虽然表面上看其利息没有企业债券高，但是把其他因素的影响综合起来考虑，还是投资国家债券比较合适。在两人无法达成共识的情况下，丈夫拿1万元去投资企业债券，妻子拿2万元去投资政府债券。

在投资债券的过程中，丈夫总是忙着关注新闻和相关的消息，只要和他购买债券的企业相关的，他都认真关注。这期间，企业出现了危机，丈夫也跟着天天提心吊胆，生怕自己的债券变成废纸。而妻子则十分轻松，下班回到家中，不用去天天想着投资的政府债券，只是到一定的时间去适当关注一下就可以。一年之后，丈夫购买的债券，由于公司的业绩不好等问题的影响，再扣除部分税款，只把本钱收了回来；而妻子购买的政府债券，却得到一笔小小的财富。面对褚女士的微笑，丈夫只能尴尬地低下了头，喃喃地说："还是政府的债券好，有保障还不用上税。"

选择类型二：金融债券

在我国，由金融机构发行的债券被称之为"金融债券。"金融债券，与政府债券相比，其风险要高一些；与企业债券相比，其风险要低一些。金融债券的利息，比政府债券的利息要高一些，比企业债券的利息要低一些。由于金融机构在国家的经济生活中占有非常重要的位置，所以国家对它的监管非常严格，其信用度与安全系数只是比政府债券略低一筹。

选择类型三：公司债券

公司向社会发行债券，其实是一种融资的行为。公司债券的利息比政府债券要高，但是其承担的风险也是很大的。对于家庭投资者来说，如果发行债券的公司经营出现问题，投资者有可能血本无归。但是，如果发行债券的公司，经营状况很好，债券投资者就会得到丰厚的收益。

熊女士夫妻两人都是高收入，当手中有了一定的积蓄之后，两个人商量想去做点投资理财，以使得家庭的经济状况更好。他们都对投资股票没有什么太大的兴趣。于是，两人选择了购买公司债券，虽然购买公司债券风险比政府债券要大，但是其收益比政府债券高许多。熊女士选择了一家有发展前景的公司，购买了2万元的债券。一年之后，公司的业绩越来越好，熊女士也得到了一笔不小的财富。

对于家庭投资者来说，如果有能力去投资公司债券，那么一定要注意从两个方面把握好方向。第一方面，要选择信用好的公司。一定不要去购买那种信用不好的公司的债券。因为对于家庭投资者来说，一旦投资出现问题，其损失可能会是很严重的，一个普通的家庭承担不起这一

不懂理财
你怎么能过好日子

严重的后果。第二方面，选择有抵押的公司。这样的公司，即使业绩不好，甚至公司倒闭了，有抵押做保障，投资者还可挽回损失。如果家庭投资者去购买没有抵押且经营业绩不好的公司的债券，在很大的程度上就已经决定了失败的命运。在投资公司债券之前，一定要对公司的抵押情况做一个详细的了解，以避免意外出现，对自己造成不必要的麻烦。

丁先生夫妻两人正在为自己的家庭做一个理财的规划。他们决定去投资公司债券，以取得相对较多的收益。很快他们就定下来一家公司，用1万元购买了这家公司的债券。半年之后，这家公司的经营出现了困境，丁先生夫妻投资的1万元很有可能血本无归。当他们去公司找相关的负责人的时候，公司的所谓领导都闭门不见。当公司宣布破产以后，其固定资产全部用来偿还债务。让人庆幸的是，丁先生夫妻的1万元，最终偿还了回来，但是利息是没有了着落。当拿起这1万元的时候，夫妻两人都意识到，当初他们没有认真选择好一个公司，才最终导致这样的结果，还好没有全部赔进去。

之后，丁先生夫妻并没有因此而停止去购买公司债券。而是在经过一番细致的调查之后，他们又选择了一家信用和经营业绩都很好的公司。这一家公司用其固定的房产和货物来做抵押发行债券。相比公司的固定资产来说，发行的债券只占公司业绩的很小一部分。这一次，夫妻两人投资了2万元去购买公司的债券。一年之后，公司债券期限到了，他们把手中的债券兑换成现金，整个算下来，他们的家庭得到了一笔丰厚的收益。这对于有过失败遭遇的丁先生一家来说，是一种很好的心理安慰和一笔不错的经济补偿。

当用一个家庭的血汗钱去投资公司债券的时候，一定要对其信用和抵押情况做一个详细而又全面的考察，不要只听某些公司的片面之言，

就去购买其债券。因为这样很有可能把自己带入到一个误区，而让自己的血汗钱打水漂。不但理财的目的达不到，还会损失很大一部分。投资之前，要认真地观察和分析债券的相关情况；在投资的过程中，要不断为自己充电，这样才能使理财真正朝自己设想的方向运行。

第九节　投资黄金有窍门

黄金做一种贵金属，在人类的历史进程中，一直充当着重要的货币角色。家庭投资者，不管是投资金条、金币、纸黄金还是其他类型的黄金产品，都要有一个良好的心态。一方面要看到投资黄金的潜在价值，另一方面也要看到其存在的风险。黄金毕竟是一种贵金属，其投资的成本相对较高。如果投资成功，所得到的收益是丰厚的；如果投资失败，投资者也会遭受到一定的经济损失。对于以家庭为单位的投资者来说，投资黄金要想得到真正属于自己的"真金"，从中取得一定的收益，就必须要讲究一定的投资策略。

策略一：根据黄金价格的变动进行相应的操作

在投资市场中，黄金的价格受到整体国民经济以及世界黄金价格的影响，会在一定时期内呈现出上涨或者下跌的趋势。这种上涨或者下跌的趋势，不会像股票那样一路的疯涨或者一路的暴跌。当黄金价格出现下跌的时候，说明大的投资环境陷入了一种不好局面；当黄金价格出现上涨的时候，说明大的投资环境开创了一个好的局面。

对于家庭投资者来说，在投资黄金的时候，千万不要一意孤行，按照自己的主观意愿去投资。有的家庭投资者主观认为：黄金的价格上涨幅度大了，就觉得不应该去投资，万一买了以后价格降了，不就把钱赔进去了吗？有的人则认为：黄金价格降低了，这正是投资黄金的好机会。

其实，在投资黄金的时候，如果黄金的价格正在上涨，只要价格没有涨到顶点，其他什么时间投资者都可以投资黄金。如果黄金价格正在下跌，除了价格降到最低点之外，其他任何时候投资都不可以投资黄金。

洪女士的家庭，有一定的储蓄资金。起初，他们去投资股票，可是一年下来，心惊肉跳的不说，还差点全部赔进去。于是，夫妻两人决定再去投资黄金。当他们投资黄金的时候，正是价格整体向下走的时候，当看着自己的血汗钱正在一点点变少时，他们就焦急地把钱收了回来。没过多久，黄金又整体涨了上去，两个人十分后悔。

在经过专家的指导之后，他们才明白：黄金价格呈下跌趋势的时候，只有到最低点才能买进；价格呈上升趋势的时候，除了最高点之外，其他时间都可以买进。这是和投资股票不同的地方之一。这一次，夫妻两人拿出2万元去投资基金，在价格上升的一个点上买进。一年之后，她们得到了丰厚的收益。

策略二：先期投资黄金，只要总额的30%

有的家庭投资者想尽快得到收益，当他们在黄金市场上找到合适的点之后，就马上把全部的资金投进去。这样的做法是有问题的。黄金市场也存在价格的变动，如果没有把握好价格走势，就把积蓄全部投进去，一旦市场发生什么意外情况，整个家庭的积蓄就遭受巨大的损失。虽然其损失不会像股票那样一夜之间一无所有，但是还是不要像赌博一样投资黄金。早期投资黄金，最好的方式是先投资总额度的30%，当看到市场的变化对自己的投资十分有利的时候，再加大投资额度。这样既减少了风险，又给观察市场动向留下了一个相对宽松的时间。

康女士的家庭，每个月都有1万元的节余。夫妻两人商量，决定拿出3万元去投资黄金。康女士是一个很有智慧的人，做出决定的第二天，她就拿出1万元去投资黄金。康女士选择好最佳的买入时间，在她投资黄金以后的一个月里，由于国际金融危机的影响，黄金价格一直处于低谷之中。但是康女士并没有因此而将黄金全部抛了。又过了一个月，黄金价格开始呈整体上升态势。康女士又拿出1万元去投资黄金，又过了一个月情况良好，康女士又拿出1万元投资黄金，一年以后她的家庭得到了一笔不小的收益。

策略三：要有一个冷静的态度，不要太在意一时的得失

以家庭为单位的投资者，他们投资黄金都是为了得到收益。但是，往往那种抱有一次性投资就想得到巨额回报的投资者，很有可能到头来要吃大亏。在投资黄金的过程中，即使在一定的时间段内，黄金价格出现下跌，有一点小的损失是很正常的，只要整个投资环境和趋势很有利，到最后还是会得到较好收益的。

家庭投资者由于投资的资金都是辛苦的血汗钱，当价格下跌的时候，他们往往会有一种焦虑感，很心疼损失的钱。这一种心理是正常的，但是如果被这种心态左右，就会对黄金投资产生不利的影响。家庭投资黄金，要做好取得收益的准备，更要做好面对损失的准备。在投资的时候做好相关的分析工作，当市场出现利好情况的时候，尽可能取得较好的收益。当黄金价格下降的时候，不要马上把钱收回来，要对整个的价格走势有一个清楚的认识。如果情况不好，马上把资金收回来。如

果只是暂时的下降，则要再耐心地等待。

厉先生夫妻，拿出2万元的积蓄去投资黄金。他们选择黄金价格上涨的时候买进。三个月之后，黄金的价格下降，眼看就要跌落至买进时候的价格了。厉先生根据各方面的情况，对黄金价格的走势有了一个清楚的认识。他知道，这种下降只是暂时的，用不了多久价格还会有更大幅度的上涨，到时候再把资金收回来，就会得到更多的收益。厉先生的妻子，对这一笔投资非常担心，她担心价格一旦继续下降，跌过买进时的价格，就会有损失。在两个人协商之后，决定收回1万元的资金，另外1万元继续持有黄金。如果不涨了，再把这1万元资金注入，如果还是下跌，就把剩下的资金全部收回来。一个月之后，金价又开始上涨，当一切明朗之后，厉先生又将收回的1万元投资到黄金上。半年之后，当价格总体上涨到一定程度的时候，他果断地将资金全部收回。总的算下来，他们的这一笔投资为自己的家庭带来了一笔小小的财富。

策略四：要从宏观上把握，不要因小失大

在投资黄金的时候，一定不要有小心眼。这里所说的"小心眼"，就是指有些投资者一味地计较一时的得失，而把宏观上的价格走势抛在了脑后。有的家庭投资者，在投资之前，先给自己定下一个目标，只有达到这个目标之后，才能够平盘收回资金。黄金市场的价格变动，不是按照个人意愿变化的。当黄金的价格上涨到一定的程度之后就应该马上收回资金，但是有些小心眼的人，他们就要等着赚到多少钱之后才收回资金。这样做的后果，往往是造成巨大的亏损。

家庭投资者，要想在投资黄金的过程中得到较好的收益。就一定要从宏观上正确把握好黄金的价格走势。应该坚持的时候就要坚持，即使下跌了也不能收回资金；到了收回资金的时候，即使价格还在上涨，也

要果断收回。只有这样才能真正得到收益，否则，一味地为了多上涨几个点，多得到一点差价，势必会造成更多的损失。

赖先生的家庭是一个相当富有的家庭，但是他本人却是一个非常吝啬的人。他拿出1万元，准备去投资黄金。在投资之前，他就给自己定了一个目标，第一笔投资，一定要得到1万元的收益，否则决不收回资金。赖先生在黄金价格最低的时候，把1万元全部投资到黄金当中。之后赖先生投资的黄金，价格一路上涨，赖先生心里别提多高兴了。当上涨到一定程度的时候，妻子劝他赶紧把钱收回来，都上涨了这么长的时间了，说不定哪天价格就会落下来。

可是，赖先生却一点也没有收回资金的想法，因为离他取得1万元收益的目标还有一点距离。就在赖先生投资的黄金快要达到他所要的收益时，突然价格下跌了，而且幅度比上涨的要大。这时候，妻子又劝他赶紧把资金收回来。虽然价格下跌了，只要赖先生果断收回资金，还是可以取得一定收益的。可是，赖先生还是坚持说，下跌只是暂时的。价格马上就会再次上涨，等到赚到1万元了再收回资金。又过了一些日子，黄金的价格还在下跌，而且已经跌过了他购买时候的价格。价格还在下跌，这时候的赖先生没有了先前的劲头，马上把资金全部收回来。这一次投资，非但没有得到收益，而且还赔了不少。当赖先生低着头在家里接受妻子的责备时，黄金的价格又开始上涨，上涨的幅度很可观。赖先生后悔地坐在家里，认真地反思自己失败的原因。

对于投资黄金的理财家庭来说，应该明白一个道理：黄金是一种贵金属，投资需要一定的成本，而且其波动一般不会太高。因此，只有投资一定数额的黄金并且长时间持有，才能得到较好的收益。如果只是三天打鱼两天晒网，其效果很难看得出来，投资者一定要有耐心。

第十节　投资外汇赚外国人的钱

对于家庭投资者来说，如果对外汇感兴趣想去投资的话，就要注意加强自身的素质。投资外汇和其他的投资不一样。外汇市场的变幻很难把握，如果没有强有力的外汇知识做后盾的话，就要先把基本的外汇知识补充好了再去投资。如果知识方面没有问题，就要在具体投资的时候采用一定的方法，这样才能在投资外汇的过程中得到更多的收益。投资外汇，如果能做得好，那么其收益是非常高的；如果做得不好，其损失也是非常可怕的。

家庭投资者在投资外汇的时候，采取正确的方法可以合理地规避外汇风险，让自己的投资真正结出果实来。如果投资者没有掌握一定的专业知识和方法，最好不要去投资外汇。即使对外汇知识有相当程度的了解，也要运用正确的操作方法。并且投资外汇的操作方法必须能够起到必要的作用，这样才能最终保障外汇投资能够取得收益。

方法之一：密切关注国际局势

这里所说的局势，主要指国际上的是政治局势、经济局势和军事局势。对于家庭投资者来说，如果要去投资外汇，就必须对国际上发生的事情做到实时的掌握。只有这样，才能在复杂的国际外汇环境中找出自己的获利点。和其他投资相比，国际外汇汇率基本上每天都在发生着变化。如果对国际局势没有一个清楚的认识，要想从投资外汇中得到收益，几乎是不可能的。

窦女士的家庭生活十分优越，她的家中有大量闲置的资金。她听说，投资外汇能够得到较大的收益，所以她就决定去投资外汇。她拿出7万元人民币，全部兑换成A国的货币。投资时人民币对A国货币的汇率比例是1:3。几天之后，A国的国家发生一件大事。在A国国内发生了动乱，国家元首在动乱中受了伤。反对派要求政府首脑立即下台，提前举行全国大选。一时间受动乱的影响，A国的整个国民经济遭受到了巨大的损失。人民币对A国货币的比例，由原来的1:3变为1:5。这个时候，对于窦女士来说，她的外汇投资就失败了。她的家庭，也因此遭受了损失。虽然她的家庭对于这一点损失并不在乎，但是失败的局面是肯定的。窦女士把剩余的资金收回来，开始对外汇投资进行仔细的研究。

虽然上一笔外汇投资，窦女士的投资失败了，但是她并没有因此放弃投资外汇。有了上次失败的经历，窦女士这一次先是对国际局势做了一个细致的了解，终于找到了一个有利的机会。她发现，人民币对B国货币的汇率为1:2。而B国货币对C国货币的汇率为1:2.5，而C国货币对人民币的汇率为2:1。如果去先去投资B国的货币，然后，再将B国的货币兑换成人民币，这中间不是有一个利益点吗？于是，窦女士又拿出10万元人民币去投资B国的货币。过了几天，当她再去关注国际局势的时候，发现B国和C国之间的国家关系正在发生着一种变化。B国货币对C国货币的汇率很可能出现对窦女士有利的形势。果然，几天之后，B国货币对C国货币的汇率，由原来的1:2.5变成1:3。窦女士再进行一系列操作之后得到了一笔不错的收益，将上次的损失也补了回来。

方法之二：正确地对外汇市场进行分析

家庭投资者，要想在复杂多变的国际外汇市场中得到那一份属于自己的收益，单单去关注国际局势，还远远不够。还应该对外汇市场的变化有一个合理冷静的分析，并得出一个结论，根据这个结论再进行相应的投资。如果投资的方向和分析结论所预测的方向是一致的，那么对于投资者来说，就是一个获取收益的好机会。如果实际的情况和分析预测的情况存在很大的差别，甚至远远偏离分析预测的结论，那么家庭投资者就应该考虑，马上放弃投资。

杜先生是一个经济学方向的专家，他的家庭不是特别富裕，但是每个月也可以有一部分的节余。杜先生对于国际外汇的变化非常感兴趣，经常去投资外汇，常常能为他的家庭带来一笔小的财富。这一段时间，杜先生发现了一个现象，在某河流域的几个国家，它们的货币汇率都有一个很有趣的变化。每到夏季的时候，这几个国家的货币汇率就会发生变化。以它们之中的D国为例来说，春季的时候，美元和D国货币的汇率比例约为1∶10，而到夏季的时候，就会变成约1∶7。

杜先生就对这几个国家的经济进行细致的观察和研究，最后他得出了一个结论：每到夏季的时候，D国都会出产一些国际市场急需的产品。这个时候，它国家的经济发展速度加快，外汇的汇率也随之升高。再对其他几个国家的经济进行一番考察之后，杜先生也发现了类似的现象。

在杜先生发现了这几个国家在外汇汇率上的变化规律之后，杜先生拿出10万元人民币在夏季将要来临的时候，分批投资这几个国家的货币，以避免这些国家的经济出现什么意外，一次性投资导致自己的投资失败。在整个夏天，这几个国家的外汇汇率一直朝着有利于杜先生的方向发展。夏天过去了，杜先生把外汇全部兑换成人民币，他得到一笔不小的收益。这笔收益的取得，与他善于对国际外汇市场进行有效的分析是离不开的。

方法之三：面对复杂多变的外汇市场，要有一个好的心态

家庭投资者去投资外汇，要有一个良好的心态。有的投资者，损失了一百元，就急得如热锅上的蚂蚁似的。这无形之中，就已经影响了对外汇市场的观察与分析。有的投资者，损失了上万元，虽然心中也急，但是他们却能保持一种冷静的心态。对于其外汇投资来说，这是一件十分有益的事情，他能够冷静地去分析外汇市场的变动。

投资者在投资外汇的过程中能够得到多少收益，在很大程度上和外汇市场的整体走势有关系。但是，在投资的过程中，一旦遇到了问题，到底损失多少钱，这个应该由投资者说了算。否则，外汇投资也就失去了其原有的意义。

于女士的丈夫在银行工作，对于外汇市场的动向，特别熟悉也特别敏感。于女士是一个十分有头脑的妻子，她自己虽然对于外汇不太懂，但是她还是决定去投资外汇。她经常通过丈夫得到许多有用的信息，并提出一些关键的问题，让丈夫帮助分析和解决。

更重要的是，于女士还为自己的外汇投资设定了一个最低损失比例，并把这个比例设置为投资总额的30%。当投资的外汇发生不利于自己的变化时，一旦到达总额的30%，就要马上把资金收回。如果损失没有达到总额度的30%，她就会接着去投资外汇。在每一次的交易中，于女士都保持着良好的心态，因为她明白，投资外汇有很大的风险，也有许多不确定因素。她依靠着自己冷静的心态，度过了许多的危机。通常情况下，投资都有得到收益时的喜悦，也有暂时失利的苦恼。但是，于女士却一直微笑着。在经过了一年的外汇投资变化之后，于女士得到一笔不小的财富，为整个家庭的生活付出了一份力量。

柏先生是一个热衷于外汇投资的狂热分子，虽然在他投资外汇的这

几年中有过失败也有过成功。但是，总体下来，他并没有什么损失，还是得到一些收益。他除了天天关注世界的局势，自己去分析外汇市场的走势之外，还为自己立下了一条规则。那就是，不管外汇市场看上去多么有前景，也不要投资太多的资金进去。

有一次，柏先生投资了E国的货币，眼看着汇率一路朝着有利于柏先生的方向发展。身边的人看到这个千载难逢的机会，就劝柏先生多投资一些钱到这个国家的货币上去。等到一定时期全部兑换出来，一定能发大财。但是，柏先生坚持着自己立下的规则，坚决不去下太重的仓。家里的人都说柏先生傻，有钱也不去赚。但是，柏先生自己明白这其中的原因所在。只是笑笑，并没有做过多的解释。一天，当柏先生一觉醒来、打开电视机的时候，听到一条惊人的消息。E国的总统，在自己的家里被暗杀，E国处于动荡时期。受这个消息的影响，其货币的汇率也一路狂跌，一夜之间跌到谷底。柏先生很庆幸，这一次他坚持了自己的规则。否则，他的损失将是空前的。

如果我们用一颗冷静的心去细心观察外汇市场就会发现，其实它并没有我们想象的那么神秘。只要我们按照相应的规则去进行投资，取得收益也不是一件太难的事情。由于外汇投资，对于国际环境以及相关的专业知识要求相对较高，所以在具体操作的过程中，要能在不同的外汇及其汇率之间自由地进出，这样投资外汇才能真正得到收益。那种一劳永逸的投资理财理念，最好不要在外汇投资上尝试，其后果是很危险的。

第三章

为安全生活而理财

　　对于家庭来说，投资最终的目的是为了有一个好的生活。以家庭为单位的投资者，只有认清自己投资理财的目的，才能进行与自己家庭相适应的投资。否则，一味地为了取得高利润去投资，很有可能带来严重的后果。

第十一节　贷款买房子要慎重

最近几年房价的上涨，让许多想一次性购买房产的家庭不得不考虑通过贷款去买房子。但是由于贷款买房有一个还款的过程，一旦在还款过程中出现意外，银行有权收回房产。这就要求想要贷款购房的家庭，在还贷款的过程中一定要慎重。对于一些需要注意的事项，一点也不能马虎。

注意事项之一：选择一个好的银行去贷款

对于家庭投资者来说，在贷款买房子之前，一定要选择一家好的按揭银行。虽然现在有许多的银行都向社会开放按揭贷款业务，但是由于家庭投资购买房子是一件很重大的事情，所以一定要慎重。选择一家好的银行，其服务的项目很细、很全面，而且还有许多灵活的服务项目。

蒋先生想贷款买房子，于是他找了两家比较好的银行。A银行和B银行，属于同一个服务水平的银行，其服务的项目都很细。在仔细研究了两家银行的服务项目之后，蒋先生发现A银行的一项服务对自己贷款买房子非常有帮助。A银行规定，还款年限在20年以上的客户，在还款过程中，如果连续10个月没有不良记录，在接下来的还款期限内，如果有意外情况可以允许3个月不按约定还款，只要在接下来的三个月之内，全部补齐就可以。但是，如果去B银行贷款，如果连续3个月不能按约定还款，银行就会将房屋拍卖，用来补偿银行的损失。蒋先生考虑到，如果以后家里有什么意外，不能够及时还款，还是A银行的服务项目，具体操作起来很灵活。于是蒋先生就选择了A银行去贷款购买房子。

注意事项之二：贷款的总额度，要在家庭能承受的范围之内

对于想贷款买房子的家庭来说，都想买大一点房子。但是，现实的情况是面积越大，其价格就会越高，家庭承担的贷款压力也就会越大。当一个家庭要贷款买房子的时候，一定要慎重考虑：自己的家庭到底能承受多大的贷款额度。如果家庭的承受能力比较强，那就可以多贷点款，去购买面积大一点的房子；如果家庭的承受能力很一般，甚至稍微有点弱，那么在贷款的时候，就应该好好考虑贷款的额度是多少、应该去购买多大面积的房子。如果不考虑家庭的实际承受能力，而一味地去巨额贷款买房，以后的生活必将陷入十分艰难的境地。

韩女士的家庭是一个经济很一般的家庭，她和丈夫已结婚两年，打算购买自己的房产。她想要买一套150平方米的房子，可是丈夫却认为应该买一套80多平方米的房子。韩女士的想法是，反正也贷款，不如买大一点房子，自己住着还舒服。丈夫的想法是，虽然大一点的房子住着舒服，但是他们的家庭没有能力承受150平方米的房子所带来的贷款压力。

韩女士以离婚威胁，非常固执地到银行办理了购买150平方米房子的贷款手续。面对已经成为现实的贷款，韩女士的丈夫也不得不接受这个事实。随着银行利息的不断提高，再加上通货膨胀的影响，韩女士的家庭压力也越来越大，结婚快五年了，两个人还不敢要孩子。随着两人年龄越来越大，他们的生活也越来越纠结，虽然他们一直住着150平方米的房子。

注意事项之三：按照约定及时向银行还款

对于贷款买房子的家庭来说，在银行的信用记录是十分重要的。所以贷款人一定要保证，在每个月还款日期之前自己的账户中有充足的还款资金，这样才能够履行和银行的约定。如果一旦还款的账户中没有资金，而贷款家庭又没有及时通知银行，银行会认为贷款人存在违约行为。一方面银行会罚息；另一方面贷款家庭在银行的信用，就会受到影响。

西门女士的家庭在某银行贷款买房子，她的家庭境况相对还算富裕。每个月还2000多元的贷款，对于她的家庭来说并不是什么太困难的事情。但是，由于事情多，有一次西门女士忘记往还款的账户中存入足够的资金。等到银行给她发过去信息，西门女士才意识到问题的严重性。银行不但罚息，而且还在她的信用记录上填上不良，这对于西门女士以后的信贷业务造成极其不好的影响。三个月之后，西门女士由于家中有事，不能及时足额还款。通常情况下，她是可以事先通知银行，三个月之内将不足的额度补上即可。但是因为有上次的不良记录，银行谢绝西门女士的个人请求。这使得她陷入纠结之中。

注意事项之四：贷款买房之前，公积金中的钱不能动

有的贷款购房家庭，在没有申请公积金贷款的情况下，就将公积金账户中的钱全部取出来用来支付住房贷款。这样做对于家庭贷款购房来说，是一件不好的消息。一旦将公积金账户中的钱提前支取出来，也就意味着你的公积金余额是零。换句话说，如果您去申请公积金贷款，所申请的额度也只能是零元。如果您的公积金中有一定数额的资金，您就可以享受同额度公积金贷款。

马女士的家庭要购买一套40多万元的房子，由于手头没有多少现金。马女士将自己和丈夫公积金上的钱全部取出来再加上这些年的积蓄去交付了房子的首付。事后马女士才知道，如果她去申请公积金贷款，以公积金上的钱作为基础，整个算下来她能少还银行约5万多元的贷款。对于一个普通家庭来说，5万元可不是一笔小的数目。马女士对自己过去的行为特别后悔。但是，她只能承受由于自己的无知而多还银行的5万元贷款。

注意事项之五：暂时还款有困难，要提前和银行沟通

家庭投资购买房子，在签订合同的时候会有一个还款的期限。如果整个家庭的经济情况出现问题，或者家里有其他意外事件发生，确实不能在约定的年限之内还清贷款。家庭投资者如果没有不良记录，可以向银行提出申请要求延期偿还贷款。银行在经过调查、认同情况之后，会接受延长还款期限的申请。

姬先生的家庭是一个收入很可观的家庭。夫妻两人每个月基本能节余约5000元钱。结婚几年后，他们计算在市区买一套50万元的房子。前几年一切都很正常，但是到第10个年头的时候，由于家里遭遇突如其来的变故，姬先生一家不能在约定的年限之内将银行的贷款偿还清。于是，姬先生就向银行提出申请，请求延长还款的年限。银行派出专门的人员对姬先生家里的情况做了一个全面的调查。因为一直以来，姬先生在银行没有不良的记录，所以银行最后接受了他的延期还款申请，同意他们再延长三年，将银行的贷款偿还清。

注意事项之六：合同以及借据要保存好

家庭贷款购买房子，都会与银行签订借款的合同，银行会给贷款者

发放相关的借据。合同和借据，不管对于贷款者还是对于银行来说，都是十分重要的法律文件。由于还款期限比较长，一般的还款期限能达到30年。这么长的时候，如果贷款者不把合同和借据保存好，就会给自己的生活带来非常不利的影响。

车女士的家庭，贷款30万元买了一套房子。在经历20多年的还款生活之后，他们终于可以真正拥有这套房子了。车女士想把这套房子过户到儿子的名下。当她高兴地想要去相关部门撤销贷款抵押的时候，却意外地发现自己手中的合同和借据找不着了。她急得如热锅上的蚂蚁，赶紧找银行沟通。可是银行给予的答复是，这个很难办，要经过复杂的手续才能处理好。车女士不得不等待银行的调查，只有等到结果出来以后，将一应手续补办齐全了，才能办理相关的过户手续。

注意事项之七：还清贷款后，要记得撤销抵押

家庭贷款购买房子，偿还清银行贷款之后，一定要到相关的部门去撤销抵押，否则房子就不能说完全意义上属于你。这是贷款购买房子的最后一个程序，也是必不可少的程序。如果还清贷款之后，没有及时去撤销抵押，很有可能给您以后的生活带来不利的影响。

付女士夫妻贷款30万买了一套房子，当他们把银行的贷款还清，一应的手续办理完之后，付女士夫妻两人都十分高兴，但是他们并没有及时到相关的部门去撤销房产抵押。他们认为，不去办理撤销抵押，房子照样属于他们。若干年之后，两人想移居到别的地方，这一套房子打算留给女儿。他们计划办完相关的房产过户手续之后，再移居到别的地方去养老。可是，当他们去办理房产过户手续的时候，相关部门却通知他们过户手续办不了，因为他们房产还处在抵押状态。付女士夫妻很奇

怪，贷款已经还清，为什么不能办理过户手续。当他们知道真实的原因才明白，要带着个人的有效证件、产权证以及银行出示的其他证件等，到当地房产交易管理部门去办理撤销抵押之后，房子才真正属于他们，他们才能进行相关的过户、出售等行为。

贷款购买房屋者，在很大的程度上已经属于房奴一族。不管发生什么事情，一定要在约定的时间内将所贷的款项还上。如果真的发生什么意外，要及时和银行取得联系，在政策允许的范围内适当调整或者推迟还款的时间。在具体操作的过程中，一定要严格按照相应的流程来做，否则不但达不到理财的目的，而且还会束缚自己的手脚，让家庭生活陷入困境。

第十二节　投资保险：老有人养

随着社会的快速发展，人口结构的老龄化问题越来越突出。对于一个家庭来说，如果能提前为家庭成员购买养老保险，对家族成员退休后的生活无疑是一件影响深远的事情。家庭成员在退休或者失去劳动能力以后，每个月都需要有一定数额的收益来维持晚年的生活。在这种情况下，老年人必将拥有一个安静祥和的晚年生活。在投资购买养老保险的时候，有两种可供选择的类型。那就是社会养老保险和商业养老保险。

投资类型之一：社会养老保险

社会养老保险，作为社会保障体系的重要组成部分之一，是广大社会劳动者在退休或者失去劳动能力之后，由社会向其提供的一种社会保障。对于家庭投资者来说，个人社会养老保险一般由三部分组成：个人需要投资其中的一部分，所在单位投资其中一部分，另一部分由国家来投资。

和投资商业保险相比较，个人投资社会养老保险，其投资的数额一般都较小。随着国家社会保障制度和相关政策的逐渐完善，社会养老保险将可以在不同的城市和地区之间自由转移和领取。如果投资者购买社会养老保险的年限没有达到规定的要求，可以在法定的退休的年龄之后，将投资社会养老保险中的个人部分一次性提取出来，但是企业和国家投资的那两部分则不能提取。每个月拿出100多元来投资购买社会养老保险，对于普通人来说并不是太困难的事情。随着国家相关强制性政策的出台，现在企业和公司都有义务为员工购买社会养老保险。

为了让自己老了以后能自己养活自己，并给儿女减少一些负担，谷先生投资购买了社会养老保险。谷先生每个月只需要投资100多元，另外的部分由公司和国家来承担。根据谷先生所在城市的规定，只要他累计交足15年的社会养老保险，到了退休的年龄，他就可以每个月领取一定数额的养老金。养老金的数额，由那个时候的统一标准来执行。随着国家经济的快速发展以及对社会养老保险的重视，其标准必定将越来越高。到那时候，谷先生必定将会拥有一个和谐的晚年生活。

钱女士在A市某公司上班，她按照相关的规定，每个月都为自己投资购买社会养老保险。由于个人的原因，在A市工作了十年之后，钱女士要离开A市，到B市去工作。钱女士可以将自己投资的社会养老保险通过合法的手续转移到B市。只要钱女士累计交纳的年限达到法定的年限，在退休之后她就可以在B市申请领取养老保险金。只是其领取退休金的额度，要按照她退休后B市的退休金标准来计算。如果到时候，B市的发展水平高于A市，她就可以领取到相对较高的养老金。

未女士以前是一个上班族，为了给自己创造一个和谐的晚年生活，她为自己购买了一份社会养老保险。后来一次机会未女士做生意，挣了许多钱。她用更多的钱来为自己和家人购买了几份商业保险。未女士不用再去公司上班，而是自己做起了生意，她以前投资的社会养老保险，没有达到法定的年限。未女士就有两种选择：第一种选择就是不再继续投资社会养老保险，到了法定的退休年龄，把自己投资的那部分钱取出来；第二种选择，就是未女士可以自己将不足的年限补足。未女士选用第二种选择，自己拿钱补足了社会养老保险的年限。

投资类型之二：商业养老保险

社会养老保险，为退休后的劳动者提供了一种社会保障。但是，由于其所提供的社会保障很有限，保障水平的提高又是一个相对较长的过程。所以，商业养老保险就成为社会养老保险的一种有效补充。如果购买一份商业保险，将会使个人的晚年生活更加有味道。

商业养老保险，由于其投资的额度比较大，所以投资者退休以后，所得到的回报也是十分丰厚的。正是由于其投资额度较大，所以有一定经济基础的家庭才能去购买。

孙先生是一个企业家，经过几年的苦心经营，他积累下了近千万的财富。为了让自己和妻子退休以后有一个欢乐祥和的晚年，他购买了两份上百万元的商业保险。根据相关业务的约定，孙先生夫妻到了退休之后，每个月可以得到约两万元养老保险。像这种近百万元的商业保险，一般的普通家庭是负担不起的。

由于商业养老保险的数额相对较大，在投资的过程中，个人可以根据自己的实际情况去进行一次性的投资或者分期去投资。这是商业养老保险和社会养老保险又一大不同点。社会养老保险是不可以一次性投资购买的，它只能在投资年限不足的情况下，由个人出资来补足。

丁女士是一个企业高管，她每年都有丰厚的收益。当她四十岁的时候，拿出自己的积蓄为家庭成员购买商业保险。她一次性将相关的款项缴付清，只要到了退休的年龄，她以及她的家庭成员，每个人每个月都可以得到一份巨额的养老金。丁女士的朋友贺女士，她的家庭收入也相对较高。但是，贺女士家庭的收入没有丁女士高，而且还要承担住房贷款以及子女留学等费用。贺女士的家庭，没有能力一次性购买商业养老保险。于是，贺女士就采用了分期去投资商业养老保险。她和保险公司约定，只要在十年之内将一应的款项缴纳完毕，贺女士的家庭成员在退休之后，每个人也可以得到和丁女士同等数额的养老保险。

虽然商业养老保险会带来丰厚的收益，但是毕竟是一种商业投资，它还是有一定的投资风险。在投资之前，投资者一定选择那种信用和服务都特别好的保险公司。否则，等到退休之后，如果养老金不能按期足额发放，投资商业养老保险的目的岂不是失去了其原有的意义？对于一个家庭来说，即使收入状况很好，这一笔商业养老保险投资也不是一笔小的数目，而且关系到退休以后的生活，所以一定要慎之又慎。

沙女士是一个家庭主妇，她丈夫是一个企业家，虽然不是亿万富翁，但是生活还算富足。沙女士决定趁丈夫不在，悄悄为自己、丈夫和正在上大学的儿子购买三份商业养老保险。全家人都很支持沙女士的做法，认为这是一个有预见性的投资行为。可是好景不长，没有过几年，沙女士投资购买养老保险的那家保险公司出现了经营问题，而且还涉及其他违法的案件。

　　这给沙女士带来了难以忍受的困惑：如果继续持有这一家公司的保险合同，等到自己退休了之后，不能按时足额领到养老金怎么办？到那时候，自己和丈夫都老了，行动不方便不说，也失去了现在的人脉和交际圈，要是有什么意外怎么办呢？于是，沙女士决定中止和这家保险公司的合同，收回自己的资金，再找一家信用和服务更加出色的保险公司，以使自己家庭成员的养老保险更加有保障。沙女士是不幸的，因为她让一家信用不好的保险公司占用了她们家庭的资金好几年，给她的家庭造成损失；同时，沙女士也是幸运的，因为她在退休之前就知道了这家保险公司的问题。如果等她退休之后，再出现什么问题的话，那么对沙女士的家庭所带来的影响将是深远的。

　　商业保险是由保险公司提供的相关服务，其信用度和保障相比社会养老保险来说，还是有一定距离。虽然购买商业保险的回报是丰厚的。这就要求家庭投资者在投资商业养老保险的时候，要注意选择一家信用和服务都很有保障的保险公司。

　　俗话说得好："天有不测风云，人有旦夕祸福。"程先生是一家公司的部门经理，虽然他的个人收入很高，但是，他并没有放弃社会养老保险这一项。每个月按照自己的收入标准足额缴纳社会养老保险。当程先生的个人收入达到一定的数额之后，他拿出一部分钱为自己的家庭成员购买了商业养老保险。有的朋友对程先生的做法有点不理解，认为程先生现在并不缺少钱。只要为自己多存上一点钱，怎么也能把自己退休后的生活打理好，还去购买那么一点点的商业养老保险，真的是多此一举。

　　程先生听到类似的话的时候并没有太在意，只是淡淡地笑了一笑。若干年之后，程先生购买的商业养老保险，由于其公司所在的地区发生意外，一场大火使他所投资的网点遭受了毁灭性的灾难。短时期内，其养老金不能到位。庆幸的是程先生还有一份社会养老保险，虽然每个月的数量有点少，但是他积累了好几年，没有取出来消费掉，足够他维持相当长一段时间的生活。从这个意义上讲，把社会养老保险和商业养老保险搭配起来去投资，也是一种很好的方法。它可以为我们退休后的养老生活提供双层保险。

对于普通的投资理财者来说，都希望自己的晚年生活能有一定的物质保障。在这种情况下，不妨在年轻的时候购买一份社会养老保险。现在国家已经完善了相关的规定，加强了监管的力度，社会养老保险扩大到更广泛的人群之中。如果有一定经济条件的，也可以适当去购买一份或者几份商业保险，这样就可以在晚年的时候有一个更好的经济保障。

第十三节　收藏艺术品：有品味的投资

在当前的投资市场上，不管是投资股票还是投资基金，都存在着巨大的风险。许多的家庭投资者，往往是一天到晚提心吊胆，等到最后也得不到多少收益。随着艺术品价值的升值，越来越多的投资者开始认可艺术品投资。对于艺术品投资来说，一旦其价值得到社会的认可，其升值的空间和幅度都会很大。家庭投资者要想从收藏艺术品中得到收益，需要做多方面的准备。

准备之一：选准要收藏的艺术品种类

对于家庭投资者来说，如果要去投资艺术品，首先要选择好艺术品的种类。对于不同的艺术品种类，其收藏的成本、所需要的专业知识、收藏的年限、相关的市场行情都不尽相同。家庭投资者只有综合考虑自身的实际情况，选择适合自己的艺术品种类，才能得到较好的收益。

徐先生是一个艺术品爱好者，他的家庭经济条件很不错。他对于黄花梨家具非常感兴趣，经常学习这方面的专业知识。每隔一段时间，他就会从外面带回来一件或者几件旧的黄花梨家具。妻子对他的做法很有意见。有一次徐先生又花10万元买回来一个旧黄花梨的书箱子。妻子看着抬到家里的破箱子，对徐先生说："虽然家里有一点钱，但是你干点什么营生不好？为什么一定要搬回来这么多破木头、烂箱子，价格还挺贵。花钱多的话得十几万元，便宜的也得几万元钱。你这要是让别人给骗了，家里的钱可就打水漂了。"

徐先生耐心地对妻子讲解这其中的原因："黄花梨本身价格就高，再加上这些年市场行情好。你别看那些破旧的家具，那可是由野生黄花梨木做成的，再加上其年代很久远，其价值是不可估量的。你看这个旧黄花梨箱子，我花10万元买的，现在要是有人给我20万元，我都不卖。因为这是一个文化名人曾经用过的，其价值不是用钱能衡量的。"过了没多长时间，有许多人慕名来找徐先生，想出高价购买他手中的那一个黄花梨旧书箱，价格曾一度高达100万元，但是徐先生并不卖它。

准备之二：要认清艺术品的价值所在

对于家庭投资者来说，投资艺术品的成本一般都相对较高。如果没有认清艺术品的真正价值，就会在收藏的过程中遭受很大的损失。投资艺术品的获利流程，是通过相对较低的价格购买到某一件艺术品，并把它收藏起来，等待着它价值上升的那一天。如果花了许多的钱收藏到家里的是一件伪艺术品，那么其结果将是显而易见的。

罗女士特别喜欢收藏名画，她经常从市场上收购一些名人的画。由于罗女士本身就是一名书画爱好者，并在这方面有一定的建树，所以她的眼光一向很不错。一次，罗女士去书画市场逛，看到一个年轻人正在卖一幅仕女图。罗女士仔细观察那一幅仕女图，其线条很有点汉代国画的风格。于是罗女士花1000元钱从书画市场上把那一幅仕女图买了下来，并收藏到家中。十几年之后，有一个中年男子找到罗女士，请求以5万元的价格买下她手中的那一幅仕女图。这个中年男子正是当年卖画的青年人，他现在是国画的集大成者。人到中年以后，再也画不出年轻时的那一种心境，他想到了那一幅仕女图。罗女士看这个年轻人诚恳，就答应以5万元的价格将这一幅画卖给画的作者。

准备之三：要购买家庭能负担起的艺术品

对于家庭投资者来说，如果要去投资艺术品，就要先计算好投资的成本。一般的艺术品，都在收藏到10年左右的时间，才能有一个可观的升值空间。越是贵重的艺术品，其升值的幅度也就越大，但同时其成本也会较高。在艺术品没有出手之前，这一部分资金都会被其占用，它不能像银行储蓄那样可以提前取一部分出来。如果家庭条件不允许投资成本太高的艺术品，就不要勉强去投资，否则投资不成，反而会影响到正常的家庭生活。

司马先生是一个玉器爱好者，他非常热衷于玉器的研究和收藏。有一次，司马先生见到一块上好的和田玉，其收藏的价格很可观。如果现在把它收藏起来，按照预期的升值幅度，十年之后它的市场价格将超过1000万元。但是，司马先生要花费500万元的先期投资，这让他心中犯难了。现在不收藏吧，就会错过这一个千载难逢的机会；现在收藏吧，家里确实又拿不出500万元去投资收藏这一块玉。经过了再三的权衡之后，司马先生决定不去收藏这一块玉，而是将这个好的机会让给了一位有实力的好朋友。

准备之四：要对艺术品市场有一定的认知能力

投资艺术品会带来巨额的收益，所以在艺术品投资市场中也会有许多的陷阱，一不小心就会上当受骗。作为家庭投资者来说，要想在艺术品投资中得到实惠，就要对艺术品投资市场有一个较全面的认识。如果对于这个市场没有一个正确的认识，就不可能在投资中得到收益。

郑先生是一个律师，他对于艺术品投资市场不是太了解，但是他又想去投资收藏艺术品。于是，他先在艺术品投资行业交了许多的朋友，经常到美术馆、拍卖现场等场所去听取专家的讲解，亲眼去观摩艺术品。时间一长，郑先生也开始对艺术品投资有了一套自己的知识储备和艺术家圈子。当郑先生去投资某个艺术品的时候，如果自己把握不准，就找到一些权威的鉴定专家来帮忙鉴定。20年过去了，当初以几万元、十几万元的价格买回来的收藏品，现在大多都上涨10倍、20倍，甚至更高。郑先生的家中收藏了不少的艺术品，这其中不少是价值连城的艺术真品。

准备之五：要建立起属于自己的收藏体系

对于家庭投资者来说，一旦开始投资某种类型的艺术品，一般都会有后续的收藏品。对于投资者本人来说，就应该有意识建立起属于自己家庭独特的收藏体系。这个体系，一方面是指投资者应具备专业知识，另一方面是指投资者应该有成体系的收藏品。如果一个家庭投资者，能够对其收藏的艺术品种类有一个详尽的研究，对其专业知识十分精通。

同时，他又有一定数量的收藏品，那么其艺术品升值的空间就会很大，很容易被业内人士所认可。

　　庄先生对于雕刻艺术品很有兴趣，在他收藏的雕刻艺术品中，有许多稀世的珍品。庄先生刚开始收藏雕刻艺术品的时候，也对这个行业没有什么了解。他在收藏的过程，一方面及时补充相关的专业知识，自己用所学的知识到实践中去伪存真。另一方面，他逐渐有意识地让自己的收藏品呈现一种体系。经过十几年的苦心经营，庄先生的雕刻艺术品，已经可以举办一个小型的展览。在一次艺术品交流的时候，一位同行业的专家，对庄先生的收藏很有兴趣，评价也很高。就建议庄先生举办几期雕刻展览，让同行业的人都能欣赏到这些艺术品。庄先生于是联系到赞助商，在全国各地巡回展览，一方面取得一定的门票收入，另一方面也让他的艺术品得到了更多人的认可，其艺术价值进一步得到提升。现在庄先生已经成为雕刻艺术品行业中一位小有名气的专家。许多人慕名而来和庄先生洽谈相关的合作事宜。庄先生也因此为他的家庭带来不错的理财收入。

准备之六：遇到收藏困境，学会回到原点

　　由于艺术品投资，其收益的回笼周期比较长，对于家庭投资者来说，很有可能在投资的过程中遭遇到收藏的困境。如果投资者投资的数量过多的话，就会对家庭的日常生活造成不利的影响。如果家庭投资者看上某一艺术品，自己的家庭又能承受其投资周期，只是暂时资金不足，不妨重点投资。

　　赫女士是一位收藏古玩的爱好者，随着时间的积累，她的家中已经收藏了许多的古玩。这几年来，赫女士突然感到一种现实的压力，家

中的古玩越来越多，而家中可以用来投资的现金越来越少，而她还想继续收藏古玩，这使得赫女士心里很纠结。这时候，丈夫给她出了一个主意，建议她不要投资过多的古玩，而是出让一部分古玩，重点投资收藏升值空间大的古玩。这样，一方面可以收回一部分资金；另一方面也让投资艺术品的行为更加有针对性。赫女士一听说要让她转让一部分古玩，她心中万分舍不得。但是，她尝试着换位思考，从丈夫的角度来考虑。她想明白了，家里的资金是有限的，而能够用于收藏的古玩有很多，自己不可能把所有的古玩都搬到自己的家里。于是，赫女士把家里收藏的部分古玩转让，收回一部分资金，开始采取重点收藏的策略。这样，一则家里不需要再放那么多的古玩，二则也保证了收藏品的升值空间。

在艺术品投资的过程中，要选择好自己所擅长的，并让自己的艺术品形成一定的体系，这样才能更好地提升艺术品的价值，从而得到更多的收益。由于艺术品的价值和一般的商品不一样，所以对于其特殊性一定要有一个比较清醒的认识。对于自己不了解或者把握不准的艺术品，千万不能因为一时的贪心贸然地去投资，否则很有可能会让自己蒙受巨大的损失。

第十四节 投资实业：看得见的"印钞机"

对于家庭投资者来说，如果对于投资股票、基金等项目有一种不安全感，不愿意整天盯着那一串串的数字和证券市场的曲线，那就不妨去投资实业。只要细心管理，取得的收益还是十分丰厚的。当我们提到投资实业的时候，常常会想到大的工程、大的项目。其实这是一种认识的误区，只要将资金投资到生产和流通的领域，都是在做实业。虽然说投资实业可以看得见产品，但是同样要注意风险。只要在投资实业的过程中注意以下的事项，就能让家庭的实业投资真正成为看得见的"印钞机"。

事项之一：要选择适合自己家庭的项目

对于家庭投资者来说，要想在实业投资中得到收益，就要选择一个合适的项目。在选择项目的时候，不要一味去追求那些所谓的大项目。因为在投资的过程中，越是大的项目风险就会越大，所占用的资金数量就会越大。家庭投资实业的目的是尽快得到收益，而投资大的项目，往往资金的回收周期较长，所以，家庭投资者要慎重选择所要投资的实业项目。

杜先生是一个普通的上班族，他的妻子也是一名公司职员。通过几年的奋斗，他们的家庭中有了一定数目的积蓄。夫妻两人决定去投资一些小的实业项目以获得一些收益，让家人过上更好的生活。在经过一番调查之后，杜先生发现了一个很好的项目。夫妻两人在慎重考虑之后，给一个养猪厂的老板投资两万元。投资去养猪，这让杜先生身边的人都感到格外奇怪，甚至还有人笑话他。现在的人们都去投资股票、基金等技术含量很高的项目，而他却去投资养猪。但是杜先生已经有了自己的主意，他并不在意身边的人说闲话。原来杜先生投资的养猪厂，并不是普通的养猪厂，而是一个特种养猪厂。这种被称为"小香猪"的品种，其成长及出栏的周期和传统的猪相比都很短。因为"小香猪"的肉质比较鲜美，所以在市场上的销路很好，价格也很高。一年下来，杜先生就获得了2万多元的收益。

事项之二：不要铤而走险，过分追逐高收益

作为以家庭为单位的投资者来说，取得一定的收益是投资实业的最终目的。但是，过分追求高收益，把目光盯在那些有高额利润的项目上，往往会出现一些意想不到的问题。有一些不法分子，他们就是抓住了有的家庭投资者想通过投资实业来取得较好收益的想法，所以编造出各式各样赚钱的谎言。家庭投资者如果对投资实业没有一个清醒的认识，很有可能会上当受骗。

东方女士是一个普通的家庭主妇，但是她对于投资实业有着深厚的兴趣和狂热的追求。有一次，东方女士在电视上看到一则广告，说是投资某个保健产品，可以在半年之内让你的家庭收入从5万元上涨到10万元。东方女士就对这个所谓的实业项目产生了深厚的兴趣。丈夫对于这个项目的投资很担心，觉得这有可能是一场骗局。而东方女士坚持要去投资这个项目。她先是拿出5000元去尝试投资这个项目，结果三个月之后，她就得到约1万元的收益。东方女士又拿出2万元去投资这个项目，半年之后，她得到了3万元的收益。看到这个项目这么能赚钱，东方女士决定大干一场，把家里全部的积蓄15万元拿出来去投资这个项目。三个月过去了，半年过去了，投资的收益还没有到账。这一下东方女士有点慌了，她找到了那家保健产品生产的基地，却被告知早在半年以前那家公司就已经不在这里了。东方女士顿时觉得自己上当了，可是已经晚了。骗子骗到钱后，早就消失得无影无踪了。像东方女士这样受骗的人还有很多，她后悔当初自己被高额利润冲昏了头脑。

事项之三：投资实业，不要盲目跟风

对于家庭投资者来说，当他们想去投资实业而又不知道应该去选

择什么项目的时候，就会有一种从众的心理。看看身边的人，正在投资什么项目，然后自己也跟着去投资。之所以会有这样一种心理，是因为他们觉得有这么多的人都去投资这个项目，这个项目肯定是一个好的项目，就算出现什么意外情况，有这么多人受损，有关部门肯定会去管的。通常情况下，像这样盲目跟风的投资者，最后的结果往往是给他们的家庭带来很大的损失。

袁女士的家庭还算富足，当家里有了一定的积蓄之后，夫妻两人就盘算着去投资点实业，以多取得一点收益。经过一番了解之后，妻子打算去投资某品牌的内衣，虽然表面看起来，它的单件收益不是太大，但是，这种品牌的内衣在市场上有着非常好的销路，而且近几年还打开了国际市场，其前景还是很广阔的。

袁女士的丈夫看到了另外一个项目。有一种从南美洲进口的蚂蚁，其身上含有一种高蛋白的营养物质。有一家国内的公司专门从事这种蚂蚁的养殖和加工业务，由于蚂蚁的繁殖能力很强，只要去投资这种项目，很快就能见到收益。这个项目在电视上宣传得很热火，有许多的人都很关注这个项目，袁女士的丈夫就认准了这个高蛋白蚂蚁的项目。

妻子觉得丈夫的这个投资项目有一点不太靠谱。这家公司说得好，到时候资金投了进去，要是公司不回收了，那么多的蚂蚁有谁会要呢？夫妻两人在争论没有结果之后，决定一个人拿1万元去投资各自的项目。袁女士去投资内衣，而她的丈夫去投资高蛋白的蚂蚁。一年之后，袁女士投资的那一家企业取得了较好的业绩，她收回了投资出去的1万元，而且还得到近1万元的收益。而丈夫投资的高蛋白蚂蚁，在一年之后被证实是一些不法分子编织出来的谎言，投资出去的1万元打了水漂。他得到的回报只是几箱蚂蚁，无奈之下他只好将蚂蚁放生。

事项之四：对于陌生的行业，不要贸然投资

对家庭投资者来说，其抵抗风险的能力很有限，为了降低投资实业项目过程中的风险，对于那些自己不熟悉的行业一定不要贸然去投资。虽然说投资实业能让我们看到实实在在的产品，但是其潜在的风险还是要考虑周到。

习先生的家庭有一部分可以用来投资实业的积蓄。他在投资实业项目之前，先对市场做了一个考察，最后选择了一个种植小西瓜的项目。这个项目的投资成本不高，但回报是丰厚的，这种小西瓜在各大城市的销售情况都很不错。在对这个小西瓜项目进行了反复多次的调查之后，他决定用2万元去投资这个实业项目。而习先生的妻子却不愿意让丈夫去投资这个项目，她觉得投资这个项目太没有面子。在城市里工作了这么多年，又去做农民的事情，传出去不好听，还不如去投资开一家连锁加盟的店铺。这种连锁加盟的店铺有很多，有的经营服装，有的经营餐饮，还有其他的项目。

习先生却认为，投资这种连锁加盟的项目，虽然在当下很火热。但是，自己对这些项目不了解，又没有开店做生意的经验，贸然去投资有很大的风险。还不如投资小西瓜的项目，这个项目自己已经关注了很长时间，他已经跟农业专家沟通过许多次，这个项目很有前途。一年以后，当习先生的小西瓜为他的家庭带来一笔小小财富的时候，他身边朋友原先投资连锁加盟项目店铺的，却一个个因经营出现困境等问题而关闭。

事项之五：投资实业，要将相关的证件办理齐全

对于家庭投资者来说，如果去投资实业就要将一应的证件办理齐

全。一方面，个人的相关证件一定是有效的；另一方面，要到相关部门做好备案。因为国家对实业的监管有一定的法律程序。按照法定的程序来做，当意外情况发生之后，可以确保责任的认定以及赔偿。如果家庭投资者，用无效的个人证件去投资实业，则很有可能被认定是一种欺骗的行为，所取得的收益也很有可能被没收。

郑女士想去投资民间刺绣项目，她先是找到一家合适的企业，沟通好相关事宜之后，先到有关部门申请注册备案。然后，再和企业签订合约，一应事项都按照法律规定的程序来办。一年下来，郑女士的刺绣项目给她的家庭带来了一笔不小的经济收入。但是，几年以后刺绣企业的老板，将企业转让给了另外一个人。新的老板不想再和郑女士合作，属于郑女士的那一部分利润也被新老板抹去。于是，郑女士就拿着相关的合约和手续到相关的仲裁机构去申请解决。当新老板收到仲裁部门的通知他才知道，原来郑女士在这个企业中占有很重要的一席位置。他不得不一边上门赔礼道歉，一边以重金相赠。因为郑女士如果从这家企业撤走资金，其刺绣业务就会失去1/3的利润。如果郑女士当初没有用真实的个人证件到相关的部门去备案，她很有可能会吃一个大亏。

对于理财投资者来说，最终的目的是为了得到一定的收益。但是，在实际的理财产品中，尤其是股票、基金类的产品，投资风险较大。在这样一种心理的引导下去投资实业便成为许多家庭的首要选择。投资实业，只要选择投资周期适中且较有发展前景的实业企业，就不会出现亏本的情况。即使企业的经营状况非常不理想，甚至破产了，还有一定的地产、房产以及其他有价值的抵押物可以用来偿还债务。

第十五节　退休后如何理财

对已退休的人来说，他们已经将整个的人生贡献给了社会，贡献给了自己的家庭。现代社会的家庭，子女一般都没有条件天天在家陪着退休老人。所以，退休以后的老人，一方面要照顾好自己，另一方面要做好家庭的理财工作。

退休以后的收入，一般都只有养老金。虽然有的家庭购买了商业养老保险，但是，还是要做好对有限财富的规划工作。由于退休金的额度有限，退休以后要为自己准备一笔应付意外事件的支出。做好退休之后的理财工作，要重视几个关键点。

关键点之一：退休之后，要有一个稳定的养老资金

要想在退休以后有一个稳定的养老资金，在退休前就要多储蓄一些财富。虽然银行储蓄的利息不是太多，但是它可以成为我们退休后一个稳定的经济来源。作为养老保险的重要组成部分，还是应该引起我们的高度重视。

朱女士是一个普通的工人，夫妻两人每月的工资都是固定的。朱女士的工资是1500元，而她丈夫的工资是3000元。从三十岁开始，朱女士就为自己和老伴在银行存钱。虽然每个月的利息没有多少，但是有一个稳定的收益。等到两个人都退休以后，除了多年的储蓄之外，他们还得到约3万元的利息所得。退休之后，朱女士的丈夫每个月有2000元的养老金，而朱女士只有900元的养老金。每个月的养老金再补贴

一点储蓄，夫妻两人的基本生活不用子女操心，过得很舒适。

对于退休以后的老人来说，应该合理规划自己的收入，让有限的养老金和积蓄能够真正起到养老的作用。这种规划就是一种合理的理财，除去生活和健康支出之外，一般都没有多少节余，要是再有点其他的经济来源，必将会对退休后的生活带来更大的便利。有的老年人，在退休之后到其他一些机构或者公司做顾问，一方面能让自己的经验得以发挥，为社会贡献一点余热；另一方面也能得到一笔小小的收入。这种退休后的理财方式，越来越受到人们的欢迎。

秦老师是一名教物理的优秀教师，退休之后他待在家里觉得很没有意思。于是，他就到一家教育培训机构做顾问。这样，一方面，可以让他在教育行业继续发挥着自己的余热；另一方面，也能为家庭得到一笔小小的财富。在维持了正常的生活之外，他还能让家庭节余约2000元钱。他把每个月的这2000元钱存起来，以备以后急用。这种退休后再工作，把所得的钱存起来，也正在成为退休后理财方式的重要补充。

关键点之二：日常支出要做好节俭

勤俭节约是中华民族的传统美德。有的人在退休之前，养成了消费奢侈品的习惯，退休之后，如果再去过度消费，其生活的成本在无形中就提高了。在去消费之前，要先考虑好自己的养老金以及个人积蓄是不是能够消费得起。千万不要没钱却去买高档的服装，穿着高档的服装却过着饿肚子的生活。保持一种相对节俭的作风，一方面符合退休后理财的要求，另一方面也能为自己营造一个清静和谐的生活。

周师傅夫妻是一对退休的老干部，他们两个人每个月都有一笔数量可观的养老金。周先生的养老金金额为4000元，其妻子的养老金金额为2500元。但是，周师傅养成了一种节俭的生活作风。除去必备的生活消费之外，他把有限的养老金都积蓄下来，以备有急事的时候用。周师傅退休后，第四年的一个冬天，他突然得了一场大病。当时儿女都不在身边，还好他有积蓄下来的退休金约6万多元，再加上妻子的退休金约3万元。他们很轻松地应对了这一场突如其来的危机。等到儿女得知了此事，从四面八方赶来之后，也为两位老人有这一份应急的财富感到庆幸。于是，几个子女每个人出了一部分钱，把两位老人的治病钱又重新补充上。如果当时老人没有那约10万元的积蓄，到医院之后再等子女把钱汇过来。事情的结果，可能会是另外一种让人心痛的结局。

吴师傅是一个退休的企业领导，由于他多年从事企业的经营和管理工作，经常会有许多的场面和饭局。等到了退休之后，面对一日三餐的平淡生活，他十分不适应。老伴就劝他，都退休了应该清静几年了，不要老是想着出去大吃大喝。可是，吴师傅还是向往那种大饭店中的高级生活。他经常背着老伴到大的饭馆和休闲场所去消费。吴师傅的退休金，每个月是5000元，这在他所生活的城市算是很高的标准了。但是，吴师傅常常去高级场所消费，这一点钱根本就不够，以至于每个月他消费完自己的养老金之后，就只能依靠老伴每个月1000元的养老金来维持正常的生活。几年之后，由于不健康的生活方式，吴师傅得到心脑血管疾病，躺到床上生活不能自理。当他躺到病房的时候，他后悔自己当初不应该那样去奢侈消费，以至于到了现在真正需要钱的时候，自己却拿不出钱来。虽然子女为自己出了钱，但是，一想到以前自己浪费的钱，他就懊悔不已。还好，后来的养老金由老伴来打理，每个月都存一部分。吴师傅后来的生活，还算是宁静和谐。

关键点之三：不要购买太昂贵的保健品

退休之后，人们对健康非常重视。为了让自己有一个健康的晚年生活，许多人在退休之后，不惜重金购买能延年益寿的养生保健品。人们想在退休后有一个高质量的生活，这是非常合理的。但是，有一些不法分子正是抓住了老年人的这一种心理，以假冒的保健产品来骗取老年人的钱财。退休后，要特别注意这方面的情况，对自己身体的养生和保健要有一个经济上的限度。

尤奶奶是一个退休干部，她特别注意自己的身体健康。除了每天都坚持锻炼身体，还经常服用一些养生的保健药品。有一次，她去参加一个养生的讲座，讲座上的专家向她们推荐了一种好的养生口服液。专家说这种口服液能够调节身体的肝脏功能，预防各种各样的病症。尤奶奶就尝试着买了几盒，喝完之后感觉效果很明显。在专家的一再讲解下，尤奶奶花了10万元买了两箱这种养生保健药品。

尤奶奶的老伴知道这件事情之后，觉得有点不太对劲，就拿了一瓶这种养生保健药品到相关的机构去做验证。结果，这根本不是什么养生保健药品，而是一种含有激素的不合格产品。如果长期服用，对身体会造成难以弥补的损失。当尤奶奶拿着余下的药品到销售处去退货的时候，却发现那里的销售人员已经不见了踪影，只有许多和尤奶奶一样的受害者。

吕师傅是一个退休的工人，他的退休金不高，每个月只有1000多元。他本身又没有多少积蓄，但是，他非常重视自己身体的健康，每个月都会为自己的健康投资一部分钱。吕师傅每个月都会到专业的医院做一次例行的检查，让医生给出一个正确的结论。然后，再根据医生的嘱咐，适当调整自己的饮食和锻炼习惯。有时候，也会从医生那里拿一些药品来医治身体上的疾病。吕师傅不会去买那些所谓的养生产品，他总是说如果那些药真要那么神，还要那么多医院和医生做什么？吕师傅的身体一向都很好，虽然他的养老金并不多，但是，他却打理得井井有条。退休后理财的目的，也就是为了有一个更好的晚年生活。从这个意义上讲，吕师傅做到了。

关键点之四：远离闹市区，拥抱大自然

退休之后，随着年龄的增长，老年人最好远离城市的喧闹，找一个清静的地方养老。有的老人，在退休之后，就会离开他们奋斗的城市，搬到离城市较远的乡村居住。这样，一方面可以让有限的养老金发挥更大的作用。从退休后老年人理财的角度考虑，他们可以拥有更好的生活。另一方面，乡村清幽的环境更适合老年人休养生息，对于他们的身心特别有好处。这样在无形中就节约了许多的额外支出。

孔先生夫妻两人都是在农村长大的。他们大学毕业后，就在城市里打拼。等到了退休以后，儿女的事情也都有着落了，他们也在盘算着回到乡村去养老。孔先生每个月的退休金是1500元，妻子的退休金是1000元。每个月2500元的养老金，再加上两个人多年的积蓄，应对城市里的日常生活并没有太大的困难。但是，他们还是想回到农村去，这样一个月2500元的养老资金对于他们来说足够了。他们回到农村老家以后，过着十分清静的生活。每天爬到山上去锻炼身体，到河边去看看水流，再钓钓鱼什么的，心情放松了许多，身体也特别硬朗。这是喝上多少养生药品也得不到的效果。退休后理财的最终目的之一，不是就是想得到这样一种生活吗？

对于以家庭为单位的投资理财者来说，要认清一个事实：投资理财

的目的是为了过上好的生活。所以，在投资理财的过程中，对于生活中所必需的保障一定要到位。要根据家庭的现实状况采取适合的措施，否则，投资理财也就失去了其意义所在，而成了赚钱的工具。

对于退休之后的老年人来说，投资理财要以稳健作为唯一的标准，因为他们要依靠仅有的积蓄以及养老金度过剩余的人生。如果去投资那些高风险的理财产品，一旦出现意外，很可能影响基本的生活，所以千万不要因一时的冲动而去盲目的投资高风险的理财产品。

第四章
高收入家庭怎样去理财

　　对于高收入的家庭来说，可以适当去投资高风险的理财产品。在投资的过程中，要对投资风险有一个客观的认识：只有承担较高的风险，才能得到较高额度的收益。高收入家庭，只要在投资理财的过程中做好相应的操作，合理地规避风险，就能够取得较高的收益。

第十六节　理清家庭的资产总量

对于一个家庭来说，要想真正做好理财，就一定要对自己家庭的资产有一个全面的了解，并做好相应的规划。每一个家庭，都有属于他们自己的家庭资产，虽然有的多有的少。只有对家庭中每一种类型的资产都有一个全面的认识，并规划好其投资的额度和方向，家庭理财的工作才能真正做好。

按照不同的划分标准，家庭资产又要可以分出不同的种类。如果按照家庭资产的属性来划分，我们可以把家庭的资产分为四种类型。它们分别是财务资产、实物资产、无形资产以及虚拟资产。不管是哪一种类型的资产，它们都可用货币来衡量。

资产之一：家庭财务资产

这里所说的家庭财务资产，即是人们常说的家庭金融资产。一般来说，家庭财务资产分为投资性资产和流动性资产两大类。投资性资产即家庭资产中用于投资的那一部分，而流动性资产则是指家庭所拥有的现金、活期存款等可以直接支出消费的资金。

对于家庭理财来说，投资性资产应该占有一定的比例，但是这个比例不应该是全部。因为对于以家庭为单位的投资者来讲，如果用过多的资产去投资，一旦遇到什么风险，危害将会是毁灭性的。

　　曹先生的家庭十分富有，他有着自己的企业，每年的净收入都在500万元左右，在当地可以算得上是首屈一指的富商。虽然曹先生的家庭已经很富有，但是他还是会拿出一部分资产去进行相关行业的投资。在进行投资的时候，曹先生有自己的一个原则，那就是用于投资的那部分资产不能超过家庭总资产的一半。从家庭的角度来考虑，他是在降低投资风险对家庭生活所带来的冲击，给家人一个更加有保障的生活。虽然他的投资有时候会失败，有时候会成功，但是总体来说，并没有对他的家庭造成不利的影响。

　　严女士是一个女强人，她有着近千万的资产。她十分自信，对于自己的每一次投资都以百分之百的信心和努力去做。一次，她接到一个大的项目，如果这个项目成功了，那么她的个人资产将会翻一番。但是，因为这个项目特别浩大，需要的资金量特别大，持续的时间也很长。严女士把家里所有的资产都用了，又贷款1000万元去投资这个项目。丈夫不反对她做这个项目，但是反对她这样破釜沉舟地去做这个项目。这个项目做成功了，一切都好说，可是要是失败了，不但一家人一无所有，而且还背上了1000万元的债。在付出和丈夫离婚、和女儿断绝母子关系的代价之后，严女士决然地去投资这个项目。然而，令人不幸的是，这一次严女士失败了。一夜之间，她不仅一无所有，而且还背上了1000万元的债务。如果从家庭理财的角度来讲，严女士的做法是不可取的，她不应该把所有的资产都用在投资上。但是，如果从一个投资者的角度来讲，她的做法很有企业的风度，只是她没有成功而已。

　　对于家庭的流动性资产来说，在投资理财的过程中要做好相应的分配规划。流动资产中的现金用来做什么，活期的存折用来做什么，要有一个合情合理的规划。一方面，不能让这些流动资产成为一种摆设，只单纯地放在那里等着去消费；另一方面，也不能全部拿出去进行投资。

华先生有一家自己的小公司，虽然每年的收益只有100万元左右，但是他的家庭经常会有一些流动性资产。对于这部分流动性的资产，华先生是这样分配的，他以年为单位将家庭的流动资产总额设定为10万元，这10万元分成两大部分：一部分用于家庭的日常消费，其金额为5万元；另一部分用于其他投资性活动，可支配的金额也为5万元。这样做，一方面，可以让自己的家庭有一个安定的生活；另一方面，也为进行其他的投资性活动提供了一部分资金。如果投资成功了，可以为家庭带来一笔小的收益；如果投资不成功，也不会对家庭的生活带来太大的影响。

资产之二：实物资产

在进行家庭投资理财的时候，每一个家庭都有属于他们的实物资产。这一部分实物资产中，对于那一部分不能够增值的资产，我们要尽可能压缩其消费的标准；对于那一部分可以实现升值的资产，要做好相应的保护工作，以使得其有更大的升值空间。

金女士是一个非常会理财的主妇。她把自己家中的实物资产分成两类：一类是不可升值的，一类是可升值的。对于像汽车这样的，短期内不能升值而且还在消费的资产，她做好其消费标准的规划。比如：汽车每个月的耗油量以及维修费用等要有一个数额上的限制，这个数额必须严格控制不能超。一旦超过了这个数额，金女士就让家里的汽车休息上一阵子。对于家里收藏的艺术品、贵重家具、首饰等能够升值的固定资产，做好相关的管理和维护措施。特别是家里的房产，金女士更是十分用心，每隔一段时间就进行相关的维护和清洁工作，让家里的房子一直簇新如初。

魏先生是一位普通的市民，他的家庭不是太富裕。但是，他的家庭在市中心的住宅小区有一套约100平方米的房子。随着房价的不断上涨，魏先生越来越觉得，自己房产的升值空间十分大，所以，他十分注意保护自己的房产。10年前，魏先生用10万元买下了这套房子，现在这套房子的市场价格，已经上涨到了30万元以上。在一定的时期内还在持续上涨之中。面对这样一种形势，魏先生把自己的房产出租出去，每年能得到一笔不错的收益。自己和家人则到远一点的地方租更便宜一点的房子住。他准备再过几年就将这一套房子卖出去，这样他们就可以再买一套新房子，而且还能过上不错的生活。

资产之三：无形资产

有的家庭，除了有形的资产之外，还会拥有一些无形的资产，比如专利权、版权等。一个家庭在投资理财的过程中，要注意保护好自己的无形资产，并维护好自己的合法权益。这样可以让家庭的理财工作做得更好。

陶先生是一个热爱发明的人，虽然他的家庭并不怎么富裕，但是，他还是花了一点资金去进行他的发明。几年之内，陶先生就有五项发明，并申请了国家级专利。当许多的企业和公司使用他的专利时，陶先生才慢慢意识到，原来自己的发明可以带来不错的收益。只要还有人在使用自己的专利，他们就得付给自己一部分费用，这是必需的。经过对相关市场的调查，陶先生发现有的公司正在非法使用自己的专利。于是，他通过法律手段维护自己的合法权益。一年下来，他竟然也为家庭追回了5万元的收益。陶先生这才明白，原来无形资产只要进行合理运作，是可以为家庭带来实在的收益的。

姜女士是一个记者，她平时会自己写一些小说、剧本之类的。经过几年的积累，她的作品已经出版了有十几部。姜女士在行业内也有了一定的知名度，她的作品也越来越多受到读者的喜爱。最近，她写的一部小说被一个导演看中，这位导演想要和姜女士合作，把这部小说搬上电影荧幕。姜女士因此而得到了近10万元的收益。随着姜女士逐渐走出了自己的一条路，其在业内的名誉和口碑也越来越成为一种无形的资产。当有人想拍一部电视剧或者电影的时候，会去找姜女士合作。

资产之四：虚拟财产

随着数字时代的来临，越来越多的人都拥有了虚拟财产。人们越来越多使用各种卡：去商场买东西，会有购物卡；到银行办理存贷款业务，会有银行卡；爱玩网络游戏的人，会有许多的游戏账号等。在这些卡和账号背后，会有一串串的数字积分。这些积分，表面上看只是一些商家为了促进消费而想出的办法。但是，如果家庭在进行理财的时候，合理利用好这些积分，是可以生出现实的钱来的。

戚女士是一个家庭主妇，平时在家里闲着没有什么事情，她就在电脑前玩游戏。一级一级地过关，这让她的账号上积累了不少的积分。有一次，戚女士想去更换一台电脑，就找了几个朋友，一起去挑选合适的牌子。当一个朋友看到戚女士的游戏账号上已经有100万分的积分时，高兴地对她说"你这100万分的游戏积分可以买好多的东西。一台笔记本电脑，是小意思。"后来，戚女士才知道，像自己这样的100万积分以上的游戏账号，在业内拍卖能得到近10万元的现金收益。戚女士这才知道，原来游戏中的虚拟财产，也可以兑换成现实中的财富。

谢女士是一个十分细心的人，她在为家人购物的时候，经常会去关注一些大超市的积分活动。她经常能利用这些积分为自己的家庭省下一笔不小的开支。谢女士经常去某个大型专卖店买东西，1元钱可以积一分，积分到1000分以上之后就可以按比例兑换成现金。消费的积分越高，兑换的比例也就越大。当谢女士积累到5000分的时候，她就可以兑换成400元的现金卡去购买同等价位的商品。当她给老公兑换到一件羽绒服时，无形中就为家庭省下了400元。

俗话说得好"看菜吃饭，量体裁衣。"对于理财投资来说，最终的目的是通过理财来让自己的家庭有更多的钱，可以用于日常生活，或者积蓄一定的财富。在这个过程之中，对于自己的财务状况，一定要有一个清醒的认识，尤其是自己家庭的财富总额。在具体投资的时候，其数目一定控制在自己家庭可以承受的范围之内。否则，投资理财就成为自杀，而不是理财。

第十七节　家庭负债要合理

对于家庭生活来说，都有可能出现意外的情况，难免会负债。只要是合理的负债，也属于家庭理财的范围之内。但是，在负债的过程中，一定要把握一个度，千万不能拆了东墙补西墙，这样做不是在理财，而是把自己的家庭推向了一个恶性的循环。对于家庭投资理财者，要想合理的负债，就必须明白以下几点。

第一，负债的数额不要超出自己家庭的承受范围

每一个家庭，都有属于自己的那一份财富。当我们要贷款或者借钱

去进行某一项投资的时候，一定要把握好一个度。那就是负债的数额，一定要是自己的家庭能承受住的。千万不能为了投资某个项目就贷款几倍于自己家庭承受能力的数额。家庭投资理财，不同于企业家进行投资，一旦出现风险，家庭的日常生活就会陷入困境。

华先生的家庭，是一个中产阶级的家庭。他是当地一个千万富翁，有自己的企业，企业有上千名的员工。有一次，他找到一个很好的项目，大约需要投资1000万元，但是华先生公司的周转资金只有500万元，还有500万元需要筹措。华先生拿下这个项目，只要经营得好，一年之后就可以得到1000万元的利润。华先生为了拿下这个项目，决定拿自己家的房产、汽车以及股票等资产做抵押，到银行去贷款。妻子极力反对，这个项目的投资一旦失败了，整个家庭一下子就没了。华先生认准了，要去投资这个项目。他不听妻子的劝告，执意到银行贷款去投资这个项目。等到半年以后，华先生才明白，这个所谓的项目只是一个骗局。妻子带着孩子离他而去，华先生也在一夜之间由千万富翁变成了擦鞋匠。

邹先生是一个公司的高级主管，他的年收入约为50万元。有一次机会，邹先生的公司有一个非常好的项目，想让公司的高级员工来投资这个项目，利润按照所持有股份的多少来分配。这个项目虽然不大，但是也需要约300万元的资金。邹先生如果要一个人投资这个项目，他就得向银行贷款一笔不小的数目，而且要在这个投资过程中承担巨大的风险。如果这个项目投资成功，所得的利润就都是邹先生个人的。但是，邹先生考虑到自己的家庭情况，儿子正在国外留学，家里还有两个生病的老人要去赡养。于是，邹先生又和其他的几个高管沟通，决定三个人一起来投资这个项目。这样邹先生只要向银行借贷一笔小的款项就可以了。

两年以后，这个项目取得一定的收益，但是并没有预期中的多。其他的投资人分到红利之后，都撤出了这个项目。邹先生却看到了这个项目的未来，他一方面把银行的贷款还上，另一方面把剩下的红利理清楚，又从银行贷了一部分款，一个人把这个项目撑了下来。一年以后，这个项目获得了巨大的成功，邹先生也得到一笔不小的收入。邹先生在这个投资的过程中虽然也负债，但是他却考虑到自己家庭的实际情况，没有在第一次投资的时候去银行借贷巨额的款项。

第二，负债要以投资为目的

对于一个家庭来说，如果要打算去负债的话，就一定要先考虑好负债的目的。如果是去进行投资，不管是直接的投资，还是间接的投资，只要负债的数额在自己家庭承受的范围之内，就可以去负债。如果负债的目的不是去为了投资，而是为了纯粹的消费或者其他不正当的目的，就最好不要去投资。

喻女士的家庭是一个普通的职工家庭。她和丈夫的收入，都不是很高。喻女士的单位是一家食品销售企业，在进行第二轮股份制改革的时候，对于在单位工作十年以上的员工，能够以低于市场的价格来申请经营单位的分店。喻女士看到了这个机会，就和丈夫商量决定负债去投资单位的一个销售分店。两个人仔细盘算后，拿出多年的积蓄5万元，再向朋友借5万元，用10万元去投资。一年之后，喻女士的分店开得红红火火，年底的时候，喻女士的家庭得到约15万元的收益。不仅把5万元的负债还上了，还得到了5万元的利润。喻女士的家庭将这5万元的负债，用于去投资单位有前景的分店，是一种很好的投资理财方式。

柏先生是一个公司的职员，他的妻子是一个普通的教师，生活水平还算可以，他们的家庭每年有5万元的节余。柏先生看到身边的朋友都开上了私人小汽车，他也想买一辆自己的车。再加上妻子天天在耳边催促她，于是，柏先生就向朋友借钱买了一辆15万元的汽车。开着自己的私家车，柏先生和他的妻子都觉得十分开心。可是，几年下来，夫妻两人的积蓄基本都花在了汽车上。当汽车一天天变旧以后，他们还要为负债闹心。柏先生的家庭，为买私家车而负的债，不符合家庭合理负债理财的原则。

第三，负债要及时还债，避免信用出现危机

对于一个家庭来说，不管是到银行借债，还是从朋友那里借债，都要及时还债，确保自己信用不出现危机。否则，对于以后的家庭投资理财，必将产生不利的影响。

章先生的家庭是一个相对富有的家庭，他经常去做一些理财投资，每年都会为家里带来一笔小小的财富。有一段时间，章先生想去投资某个项目，妻子觉得投资项目很不可靠。但是，章先生却看到了这种投资的获利点，这个项目可以在短期内获得收益。章先生的妻子不给他提供资金，目的是不让他去冒这个风险。可是，固执的章先生，从朋友那里借了5万元去投资这个项目。结果一年之后，他获得了不错的收获。除了还清朋友的5万元的债务，还得到约3万元的收益。

章先生把3万元交给妻子的时候，他又盘算着进行下一笔的投资。这下妻子把3万元交给章先生，让他去接着投资这个项目。章先生想做大，又从朋友那里借了5万元去投资这个项目。这一次，章先生投资不太顺利，一年之后没有得到收益，还不得不面对5万元的负债。妻子在知道这件事情之后，并没有过多责备章先生，而是从家里拿出5万元去偿还负债。章先生的妻子是一个明事理的人，她深知信用危机的负面影响。但是，并不是所有的人都明白信用的重要性的。

苏女士的家里开了一个小的服装加工点。每年都会得到一笔小小的收益，当她体会到做服装加工生意的好处之后，就盘算着扩大自己的生产规模，并引进先进的生产技术。但是，苏女士的家庭并不是太富裕，她至少要有20万元才能进行进一步的投资。于是，她一方面从银行贷了10万元的款，另一方面又从亲戚朋友那里凑了5万元，再加上自己家里的积蓄5万元。苏女士对自己的服装加工点进行了升级。一年之后，她得到不错的收益，银行的贷款还上了。但是，她迟迟没有把亲戚朋友的钱还上，这使得苏女士的信用遭遇到了极大的危机。苏女士并不是没有钱来偿还那5万元的负债，而是她将那5万元用于投资之上。

三年以后，当苏女士的小服装厂再次遭遇到危机的时候，她去银行贷款，银行在进行相关的抵押调查之后，以个人信用危机有问题为由拒绝贷款给苏女士。而苏女士在万般无奈之下去向亲戚朋友开口借钱的时候，已经没有人愿意借钱给她。而苏女士只能眼睁睁地看着，自己苦心经营的服装厂就那样一步步地走向破产。

第四，家庭负债要保存好相关单据

对于家庭负债投资来说，不管是去银行贷款，还是就近筹措资金，都要将一应的单据保存好，以避免意外发生时"哑巴吃黄连，有苦说不出"。

水女士是一个都市白领，她的丈夫是一个记者。三年以前，她们想投资开一家餐馆，由于资金不足，就向朋友借了5万元钱。当水女士在市里的繁华地区开了一家餐馆之后，不到一年就把本钱全挣了回来。她在年底将从朋友那里借来的5万元钱还上。水女士手中的那一份借据，水女士当众撕毁。而朋友手里的那一份，水女士的朋友说已经撕毁了，让她不用担心。水女士也没有把这件事过多地放在心上。谁知道一年之后，

她的那个朋友又来向水女士要那5万元钱，水女士说早在一年之前就已经还上了。而她的朋友说，水女士并没有还上。后来，两个人还到法院打官司，最终因为证据不足，水女士不得不又支付了5万元。虽然在这个事件中水女士的朋友钻了空子，让水女士受到损失。但是，从水女士这方面来说，她并没有将借款过程中一应的收据处理好。如果她当初将朋友手里的那一份借据要回来当场撕毁，也就不会出现后来的事情了。

对于一个家庭来说，总会遇到经济紧张的情况，这个时候贷款成为一个暂时缓解压力的方式。虽然许多的人都很不愿承认，但这是一种普遍的现象。对于贷款一族来说，要考虑到自己的还款能力，千万不能超额度去借贷，否则，必将使自己的家庭和生活陷入一种无法控制的危机之中。在具体的操作过程之中，相关的手续一定要看清楚弄明白，还款之后一定要索要单据，以避免给自己造成不必要的损失和麻烦。

第十八节　要注意收入和支出的关系

对于一个家庭来说，在进行投资理财的时候，有两个非常重要的因素一定认真理清楚。这两个重要的因素就是收入和支出。在进行理财规划的时候，一定要先认清家庭的收入和支出情况是怎样的。通常情况下，家庭的收入和支出有三个不同的状态。在家庭投资理财中，收入和支出的这三个状态，我们要认真审视。把握好收入和支出的关系，才能真正实现投资理财的目的。

第一个状态：收入小于支出

一个家庭在一定时期内，当总的收入小于支出的时候，你的家庭处在一种入不敷出的情况。这样一种情况是十分危险的，这时候要仔细考虑原因。是家庭的收入太少，还是这一阶段的支出太大？如果收入太少，就要想办法增加收入；如果是支出太大，下一个阶段就要适当降低开支，根据实际的情况调整理财的规划，让家庭有一部分的节余，这样才能利于下一阶段的投资理财。否则，家庭的理财也就失去了意义。

潘先生是一个工厂的技术工人，他每个月的收入是4000元钱。潘先生的妻子是一个教师，她每个月的收入为2000元钱。对一个月收入6000元钱的家庭来说，应该能过上还不错的生活。可是，这几个月潘先生的家里常常入不敷出。潘先生拿出上个月的支出记录。妻子买化妆品花去1000元；买了一身新衣服，花去1000元；和朋友出去吃饭、旅游，花去1000元；房租电费及家庭日用品，花去2000元；买了一台新的电视机，花了5000元。当潘先生看完上个月的记录时，心中不禁吃了一惊。上个月已经把这个月的钱都花去一多半，照这样下去，家庭的日常生活都成了问题。

潘先生于是好好和妻子沟通，以后不能这么消费，否则再过十年，家里也不会有钱。而潘先生的妻子却坚定地认为自己并没有消费太多，这和她的一些姐妹比已经花得很少了。对于潘先生的家庭来说，如果不能处理好收入和支出的关系，再这样无限制地消费下去，他们的家庭离破产也不远了。潘先生夫妻，应该冷静规划家庭的收入和支出。

彭先生的家庭，是一个收入不错的家庭。彭先生每个月的收入是6000元，妻子的月收入是2000元。每个月有8000元的收入，在他们所在的城市可以过上很好的生活。为了有一个更好的生活，夫妻两人在有了一定的积蓄之后，决定去投资做点别的生意。他们在考察了一段时间之后，觉得把钱投资到服装行业比较有前景，因为在他们生活的城市，服装产业是一个很红火的产业。两个人用5万元做成本，选择好了店铺，聘用了两个人照看店铺，夫妻两人接着上班。彭先生的店铺营业的时候，正好赶上经济危机，接连三个月他们的店铺生意一直都不好，每个月把一应的费用算上，不但没有得到收益，还损失了5000元。

夫妻两人意识到了问题的严重性，这三个月家里的支出远远超出收入，长此下去生活就会陷入困境。彭先生果断关闭了店铺，把剩下的租期转让给其他人。在经历了这样一个失败的投资之后，夫妻两人意识到，在进行投资理财的过程中所选项目的投资，一定不能让自己的家庭长期处于支出大于收入的状况。一年之后，他们又投资了一个小的项目，每个月都能得到1000元的收益，虽然不多但是却能给他的家庭带来意外的惊喜。

第二个状态：收入和支出基本平衡

对于一个家庭来说，当收入和支出基本平衡的时候，事实上你的家庭已经是"月月光"了。在"月月光"的情况下，家庭的财务状况，仅次于入不敷出。在"月月光"的状况下，根本就拿不出钱来做相应的投资理财。

奚女士是一个全职的家庭主妇，家里的主要经济来源就是丈夫的工资。奚女士丈夫的工资，每个月是5000元。奚女士是一个前卫的消费主妇，她每个月先拿出一部分钱来为自己和丈夫支出养老保险，然后是房租、电费等日常消费品，隔几天还出去下几次馆子，出去旅游一圈。虽然生活过得很舒服，但是基本每个月家里都剩不下钱。半年之后，夫妻两人觉得这样过下去不行，还是要有一部分积蓄，否则，等退休以后，光依靠养老金，生活的水平就会下降。于是，接下来奚女士开始每个月为家里存2000元钱，其他的钱用于日常的消费。奚女士自己也找了一份工作，每个月能为家里带来1500元的收益。慢慢地奚女士家庭不再是"月月光"，而是"月月存"。一年以后，奚女士拿出一部分钱去进行别的投资理财，每年又能带来一笔小小的收益。他们的生活，也越过越好。

鲁女士是一个非常有头脑的妻子。她的丈夫是某工厂的车间主任，经常会有一些人来她的家中和她的丈夫沟通一些工作上的事情。鲁女士抓这些机会向这些来客中的女士推销自己的品牌服装店，许多的同事和朋友都到她的店里去购物，每个月她的店里都会得到一部分收益。几年之后，鲁女士丈夫的工厂因为经营出现问题，来她家中的客人也越来越少，她的品牌店也因此而失去一部分顾客，经营的业绩逐渐开始下滑。随着通货膨胀的不断加强，这一段时间她品牌店的生意十分不好，连续四个月不盈利，忙碌了很长时间却没有取得收益。鲁女士意识到，这样下去对于家庭理财来说不是什么好的事情。所以她果断把店铺关闭，并转让给别人。鲁女士考虑到家庭的具体情况，在进行投资理财的时候要把握好自己的原则。当投资的项目长期不能带收益，使整个家庭收支处在一种原地踏步的时候，就要终止这个项目。

第三个状态：收入大于支出

对于一个家庭来说，当收入大于支出的时候，你的家庭才会有节余。只有家庭有了一定的节余之后，才能进行相关的投资理财，否则家庭投资理财就只能是一句空话而已。

葛女士是一个很会理财的妻子。她每个月的工资为2500元，丈夫每个月的工资为4500元。对于每个月的家庭生活支出，她总在月底拿到两个人的工资之后，先拿到3000元钱存到银行的账户中，然后用剩下的钱去打理家里的日常生活。两年之后，家里有了约7万元的积蓄。葛女士和丈夫商量，从7万元的积蓄中拿出一部分钱去做点投资理财。葛女士在进行投资理财的过程中，一方面，认真管理自己投资的项目，让它能为自己的家庭带来更多的收益；另一方面，她严格把控自己的家庭支出。三年下来，基本上每个月家庭的收入都大大超出支出。当他们看到家庭账户上有了20万元的存款时，葛女士感觉到自己家庭的投资理财是成功的。

小韦和小马是刚从大学毕业的学生，一年之后他们结婚了。就如同当下许多的年轻人一样，他们两个人也是裸婚。他们刚结婚的时候，整个家庭只有5000元钱的存款，两个人的未来生活看上去似乎很迷茫。但是，两个人都是十分能吃苦而且脚踏实地的人。在结婚的第一年里，小韦的月收入为2000元，小马的月收入是1500元，两个人的家庭财政情况基本是月月光，没有什么存款，他们所有物质财富仍是结婚时的那5000元钱。

在经历了一年的收支平衡之后，两个人决定放开手脚工作。一方面，要尽可能扩大自己家庭的收入；另一方面，要压缩不必要的开支。小韦从原来的公司离职，靠着自己的能力应聘到一家更好的公司，收入从原来的2000元增长到6000元。而小马在工作之余，开了一个属于自己的网店，每个月也能带来约1000元的小收益，再加上1500元的工资，她也能为家庭带来2500元的收益。家庭的月收入，也从一年前的3500元增加到8500元。随着家庭收入的不断增加，小韦和小马他们并没有因此而有过多的支出。除了日常的生活必须支出之外，他们扎紧支出的口袋，慢慢地家庭的存款也越来越多。在经历了5年的艰苦奋斗之后，他们拥有了一套属于自己的房产，而且家庭中还增添了新的成员，一个新的生命诞生了。

对于不同的家庭来说，他们的收入状况有着很大的不同。如果家庭的收入很高，那么就可以支出相对多一点。如果家庭的收入有限，就不要一味为追求高质量的生活而去疯狂的消费。只要在家庭理财的过程，能把握好收入和支出的关系，让家庭的整体收入一直处在一种大于支出的状况之下，迟早有一天你的家庭会拥有属于自己的财富。如果每一阶段的支出都远远大于收入，那么用不了多久，整个家庭就会走向衰落。家庭理财的时候，一定要认识到这个问题的严重性，否则就会有一个很残酷的现实摆在你家庭的面前。

第十九节　家庭保障要有力度

对于家庭投资理财来说，主要的目就是使整个家庭的生活水平上一个台阶，让家庭成员过上更好的生活。从理财的角度来考虑，家庭保障是必须要放在首位的，一定要有强有力的家庭保障，家庭理财才真正有价值。如果不重视家庭保障，而一味去为了挣钱而去理财，那么家庭理财也就失去它的意义。

家庭保障之一：基本生活保障

"早晨起来七件事，柴米油盐酱醋茶。"对于一个家庭来说，基本生活保障是一个最基本的标准。家庭成员每天要吃饭，要穿衣服，像这种生活必需的支出，是家庭理财的一个重要部分。对于这部分支出要从两方面来规划：一方面，要能满足家庭成员日常生活的需求；另一方面，不能过度去满足奢侈的生活需求。

苗女士的家庭，是一个普通的城市职工家庭。她和丈夫两个人的工资加起来才5000元钱，这在她所在的城市并不算多。但是，苗女士却能让家庭的成员生活得到保障。苗女士在规划生活保障支出方面很有智慧。对于日用品方面，她都按照一定的时间段，把需要的钱全部预留出来。预留的支出项目，都有一个固定的数额，作为基本生活的一个保障。比如：春季家庭成员买衣服预留500元，每个月的生活费用是600元，住房贷款及其他支出1900元，存款2000元。对于苗女士来说，她一方面保证了基本的生活保障支出，让家庭成员过上好的生活，但是她的家庭并没有太大的支出。

凤女士家庭的收入状况处在一个相对较高的水平。凤女士每个月的工资是5000元，丈夫每个月的工资是10000元。一个月15000元的收入，在她们生活的城市可不是一个小的数目。但是，凤女士是一个非常奢侈的妻子。她每个月都要去买新衣服和新鞋子，价格没有低于1000元的。再加上化妆品，其他日用品，她个人的5000元钱都用来购买衣服和化妆品，还经常从丈夫的工资里拿出一部分补贴。凤女士在家里从来不自己做饭，天天到高级的饭馆去吃饭，每个月的用餐消费都在5000元左右。再把房租等其他事项算上，凤女士的家庭基本月月亏空。凤女士一面抱怨丈夫挣钱少，一面接着追求奢侈的生活。过了两年这样的生活，凤女士丈夫觉得，妻子不能再一味追求这样的奢侈生活。而凤女士觉得丈夫连基本的吃穿都供养不起，于是提出离婚。对于一个家庭来说，过度追求奢侈的生活，家庭收入再多，也不会有任何节余。这样的家庭，也必然走向败落。

家庭保障之二：健康保障

对于一个人来说，没有一个健康的身体，势必会对工作和生活造成不利的影响。对于一个家庭来说，首先要把健康保障放在第一位。家庭成员只有拥有了健康的身体，才能快乐地生活。除了生活保障之外，家庭投资理财的首要方向应该放在健康保障上。

花先生是一个出租车司机，他的月收入是5000元钱。他的妻子是一个全职的家庭主妇，一家人生活的担子就落在了花先生的肩膀上。在进行家庭理财的过程中，他给家庭成员每人购买了一份商业健康保险，每年都会有一部分支出花在这个上面。每隔半年，花先生都会带着妻子还有孩子到医院做一次体检，因为花先生意识到健康的重要性。在一次医院的体验中，花先生发现了自己得了肾结石。由于发现得早，不用手术，只需要吃点中成药，花了不到一千元就治愈了。如果不是去做体检，等发展到中晚期，就需要动手术治疗。那样不仅要为健康支出更多，而且还要承受更大的痛苦，他的家庭也有可能遭遇一场危机。人不可不生病，谁也不知道什么时候会得什么样的病。所以健康保障最重要的是将重大疾病的预防放在突出的位置，让健康保险作为一个强有力的后盾。

家庭保障之三：住房保障

对于一个家庭来说，房子是生活休息的一个重要场所。用于购买房屋的支出，是一个重点项目，也是一个难点项目。随着房价的不断上涨，房子成了许多家庭困惑的问题。如果家庭的整体水平很高，可以一次性将这部分钱消费出去，给自己的亲人一个安定的家；如果家庭的整体水平不是太高，可以申请住房贷款来购房；如果一时还买不起房子，

可以去租房。不管是去买房还是去租房，这部分支出是必须要有的。但是，在具体的执行过程中，要根据自己家庭的实际情况来处理。

小方和小俞是刚毕业的大学生，和许多的同龄人一样，他们选择了裸婚。小方的月收入是2000元，小俞的月收入是4000元。在喧闹的都市中，他们暂时还买不起房子，所以只能去租房子。小夫妻两人先是以1000元每月租了一套20多平方米的房子。除去其他的家庭支出外，他们每个月还能有约3000元的节余。三年之后，他们有了约10万元的存款。夫妻两人以贷款的方式购买了属于自己的房子。对于这一对小夫妻来说，在刚开始奋斗的三年里，他们没有足够的钱去买房子，所以他们选择了租房。三年之后，他们有了一定的能力，所以他们去申请贷款购房。在实际的生活之中，一个家庭要拥有自己的房子需要一个过程。但是，在没有买房子之前，可以租房来作为一个暂时的缓冲。在租房的时候，要有一种规划，那就是买房子。买房子这一部分规划，在家庭理财的过程中，一定要提前考虑好，并提上日程。这样才能给自己的家庭一种心理上的安全感，一种住房的保障。

家庭保障之四：教育保障

对于有孩子的家庭来说，教育保障这一项是必须要有的。我们的下一代要在这个社会上生存，接受良好的教育是最基本的一种保障。在教育储蓄方面，国家有一个专门的项目。只要到相关的银行办理教育储蓄业务，就可以采用零存整取的方式，给孩子提前做好教育资金的理财规划。教育储蓄采用实名制度，虽然是零存整取，但是享受整存整取的利息优惠。最高额度为2万元，最低50元存起，存款期限有六年、三年、一年三种模式。

柳女士夫妻两人都是普通的工人，整个家庭的月收入为5000元钱。眼看着孩子一天天长大，夫妻两人开始为孩子将来上大学打算。孩子上四年级的时候，他们带着孩子的户口簿在银行为孩子开了一个教育储蓄账户，期限为六年。柳女士夫妻两人每个月都会从家庭的日用支出中拿出一部分，存到教育储蓄的账户中。等到孩子上大学的时候，只要带着相关的个人证件及能证明正在接受非义务教育的学校证明，就可以将那2万元一次性取出来，并享受利率优惠。如果没有在约定的日期将资金取出来，延迟的日期将不享受优惠。

俗话说得好，"艺多不压身。"在孩子的成长过程中，除了正规的九年义务教育之外，现在许多的家长都在为自己的孩子报一些其他的班，学习一种另外的本领。这样的思路是很好的，但是，在具体操作的时候要注意两个方面的问题：一方面，所报的项目班，其支出费用要是家庭能接受的；另一方面，所报的项目班，应该是孩子喜欢的。

鲍先生是一个企业家，他有着自己的公司，年收入在1000万元以上。妻子是一个全职的太太，专门负责照料家庭。鲍先生有一个女儿，他的女儿很有音乐天赋。五岁的时候，鲍先生的女儿喜欢上了钢琴。鲍先生没有急于给自己的女儿买一架钢琴，而是先把女儿送到专门的学习班请最好的老师来教。让自己的女儿把对钢琴的热爱培养起来，并把基础的知识打牢固了。从五岁开始，每年仅钢琴教育这一项就要支出约10万元，十年之后，鲍先生的家庭就钢琴学习这一项目上就已经为女儿支出100多万元的教育资金。等到女儿十五岁那一年，鲍先生花100万元为自己的女儿专门定做了一架钢架。第二年，女儿参加一个世界性的钢琴比赛，获得了一个不错的成绩。对于女儿钢琴的这一项支出，鲍先生觉得这200多万花得很值。

史女士的家庭不是太富裕，她早年由于家庭原因放弃了自己的小提琴梦想。当他的儿子出生以后，他就把自己的梦想寄托在儿子身上。从三岁开始，就让儿子学习小提琴。可是，史女士的儿子对于小提琴并没有什么兴趣，他很喜欢跳舞。迫于妈妈的压力，史女士的儿子不得不硬着头皮学习小提琴。从三岁开始，每年大约3万元的培养费用。十年之后，史女士的儿子在小提琴方面并没有取得多大的成绩，儿子反而决定把主要的兴趣放在了跳舞上。等到二十岁的时候，儿子的舞蹈水平已经有了很大的突破。但是，由于错过了最好的光阴，他还要付出更多的努力才能成功。十年约30万元的投资，对于一个并不富裕的家庭来说，并不是一个特别小的数目。如果史女士能从孩子的兴趣出发，让儿子从小学习舞蹈，孩子肯定早就已经有所成就。

对于普通的家庭来说，在对家庭的财富进行分配的时候，一定要安排好各项支出。只有将有限的家庭财富真正用在各成员的身上，才真正有意义。虽然说积蓄对于一个家庭来说很有意义，但是，其最终目的还是让家庭成员有一个好的生活。对于生活的保障，也应该放到一个很重要的位置之上。

第二十节　家庭理财要有目标

在现在的社会背景之下，一个家庭要想过上幸福的生活，就要有自己家庭的理财目标。理财目标要根据家庭的现实状况来制定。如果一个家庭，没有一个清晰的理财目标，这样的家庭是不会有幸福生活的。

雷女士夫妻结婚的时候，家里并没有什么财富，两个人只能依靠艰苦的奋斗才能支撑起整个家庭。雷女士的月收入是1500元钱，她丈夫的月收入是3000元钱。雷女士掌握着自己家庭的经济大权，她对家庭理财并没有什么规划。看到别人去买新衣服，她也去买。看到别的家庭住上了大房子，她们买不起就去租大房子。随着时间的流逝，虽然她们家庭的月收入比以前有了很大的提升。雷女士的月收入从1500元上升到3000元钱，丈夫的月收入也从3000元上升到6000元钱。但是两个人结婚已经五年了，她的家庭仍没有一点积蓄，仍然是月月光。

雷女士和丈夫都意识到长期这样下去不行。于是，她们找到一个理财专家，让专家帮助策划一个理财方案。专家在了解了雷女士家庭的情况之后，建议她们制定一个30年的理财规划。专家告诉雷女士，只要她们按照这个规划去做，她们一定会有一个幸福的家庭。到了退休之后，会拥有一笔不错的养老资金和生活保障。雷女士按照专家的意见，再结合自己家庭的实际情况定出一个适合自己家庭的规划。从当年起，第一个十年，雷女士计划积累到20万元的财富；第二个十年，让财富翻一番，并为自己的家人购买相关的保险，做子女教育投资的准备以及其他生活保障的投资。第三个十年，一应的规划都得到落实。子女的支出得到落实，老夫妻退休后的生活有一个很好的着落，并准备下30万元的应急资金以备急用。

对于雷女士来说，她的家庭理财投资起步比较晚，这对于一个家庭来说不是一件利好的事情。结婚后的前五年，雷女士的家庭基本处在一种无序的状态。然而，雷女士的家庭又十分幸运，她能及时发现自己家庭的问题，并及时解决。让整个家庭步入到正确的轨道上来。等到退休以后，应该处理好的事情，夫妻两人都处理得很好。她们拥有一个幸福的晚年，理财的目标其实已经达到了，虽然起步晚了五年。

对于一个家庭来说，理财投资要有一个目标。如果我们按照家庭的年龄来划分，一般的家庭都可以分为三个十年。虽然对于不同的家庭来说，都会有属于他们的不同的阶段性理财目标，但是最终的长远目标都是为了过上健康快乐的生活。

第一个十年，要实现短期的理财目标

对于不同家庭来说，在家庭建立的最初十年，我们可以将其理财的目标放到第一个十年里面。有的家庭在建立之初，就拥有数额巨大的财富；有的家庭在建立之初，基本没有任何物质财富。第一个十年的理财目标，要根据不同的家庭来制定不同的规划。虽然不同的家庭，财富基础不同，但是，在理财的时候都应该遵循同一个原则——理财以积蓄为目标。

唐先生夫妻结婚的时候，他们就拥有约500万元的财富。唐先生的家境比较好，他结婚的时候，父母除了给他一套200多平的房子和一部名牌汽车之外，还给了他300万元的现金，作为唐先生夫妻生活的一个基础。唐先生的妻子也是一个富家女，她的父母除了陪嫁许多的家具和首饰之外，也赠送了她200万元的现金，作为他们夫妻生活的基础。虽然对于唐先生夫妻来说，他们一结婚就拥有一个好的生活基础，但是从夫妻两人的角度来说，这一切并不是他们创造的。唐先生夫妻应该积蓄起真正属于自己的财富。

由于唐先生夫妻两人，结婚前的生活都十分的优越，结婚以后两个人并没有制定理财规划。想吃什么就吃什么，想买什么就买什么，想去哪里消费就去哪里消费。在不到十年的时间里，他们就将父母赠送的财富挥霍殆尽，而且还在外面欠下了1000多万元的债务。双方父母也不再为他们提供任何财富。如果唐先生夫妻能把握好父母所赠送的财富，做好家庭的理财规划，他们至少要比普通人早很多年进入到家庭理财的第二个十年。但是，结果正好相反，在第二个十年里他们只能再进行财富的积累。

费女士夫妻是裸婚，和当下许多的年轻人一样，她们在结婚的时候，除了结婚证之外基本没有物质财富。从结婚的那一天，费女士就和丈夫约定好，在家庭建立的第一个十年里，他们一定要尽可能多地积累一笔财富。在结婚的前两年，费女士的家庭月收入为3000元，有时候还处于半失业状态。从第三年开始，家庭的收入增加，每个月有8000元的收入。费女士夫妻在第一个十年里，积累了约20万元的财富。在第一个十年里，她们完成了家庭财富的积累，申请了贷款买房，而且还拥有了自己的孩子。当第二年十年的时候，她们将进会有一个良好的投资理财的基础。

第二个十年，要实现中期财富增值的目标

在家庭理财的时候，已经有了第一个十年的积累，在第二个十年到来的时候，就可以进行相关的投资理财，想办法让自己家庭的财富增值。这种增值，不仅仅表示在数量的增长，还应该体现在一种保障上。这种保障是实现长远目标的一个必要条件。

廉先生夫妻刚结婚的时候，并没有什么物质财富。结婚以后的第一个十年，他们积累了约15万元的财富。对于有的家庭来说，15万元并不是一个大的数目，但是对于廉先生的家庭来说，已经是一笔不菲的积累。在结婚后的第二个十年，他们以这15万元作为一个基础，一方面做了一些理财投资，使财富得到一些升值；另一方面，家庭的保障投资也在这个阶段完成得不错。到第二个十年结束的时候，廉先生的家庭拥有了约30万元的储蓄，而且还拥有了一套80多平方米的房子。廉先生夫妻

为孩子和自己购买了健康保险，为以后的生活提供了一个有益的保障。当孩子一天天长大的时候，他们为自己的孩子提供了一种良好的教育条件，并做好以后教育的投资准备。廉先生的家庭，在第二个十年的时候，他们一方面使家庭的资金达到了一个增值的效果；另一方面，还在住房保障、教育保障、健康保障等方向做好先期的投资，这就为以后的生活水平提高提供了一个良好的过渡。

　　岑女士的家庭在第一个十年里，迅速积累了约500万元的财富。他们不仅有了自己的房子、车子，还拥有自己的一家企业。当他们的家庭到第二个十年的时候，由于第一个十年取得的辉煌成就，让岑女士迷失了方向。夫妻两人沉迷于享受安乐之中，不再对自己家庭的财富进行规划。在家庭的第二个十年之中，他们一直处于一个消费的状况，财富并没有实现升值。不但如此，岑女士夫妻竟然没有为生活保障提供投资。企业关闭，负债累累，第一个十年奋斗的财富被消耗精光。对于岑女士夫妻来说，他们不得不从第一个十年再重新规划理财，虽然他们已经进入了第三个十年。如果岑女士夫妻能在第二个十年做好财富的增值，即使没有太大的增长，只要做好相关生活的保障投资，她们也将会拥有一个不错的第三个十年。她们的最终目标，也会拥有一个很完美的结局。

第三个十年，要实现最终的理财目标

　　对于不同的家庭来说，他们理财的最终目标，虽然有着各自的特点，但是，都是为了有更好的生活。对于老夫妻来说基本都有三方面的规划要在这个阶段实现。那就是，让自己的子女有一个好的未来；让自己的晚年生活有所依靠；当有意外发生时，可以从容应对。当家庭经历过第一个十年积累、第二个十年增值和保障投资、第三个十年最终目标实现之后，必将有一个美满的家庭和幸福的生活。

　　薛先生的家庭，在经过二十年的经营之后，拥有了相当的财富。当他们进入到婚姻的第三个十年的时候，他们拥有50万元的储蓄，有一套属于自己的房子，孩子的教育投资也都到位。在第三个十年的时候，孩子顺利大学毕业，并找了一份不错的工作。薛先生夫妻也从企业退休，回到家中过着晚年的生活。可是，天有不测风云，薛先生在退休后的第三年突然得了糖尿病，每隔一段时间就要去医院接受检查。薛先生的家庭，在第二个理财十年的时候就为家庭成员投资了健康保险。薛先生退休后的退休金，再加上保险的报销基本上就可以满足日常治疗的开支。孩子们再经常提供一些资金，薛先生的病情慢慢得到控制，并最终得以治愈。这和整个的理财目标有着很大的关系。如果薛先生没有为自己投资健康保险，到他晚年的时候，如果突然遇到意外，可能就会手忙脚乱，甚至造成无法弥补的损失。

　　对于高收入的家庭来说，由于其经济基础较厚，在进行投资理财的过程中能承担比较大的风险，所以，可以适当投资高收益的项目，这样也能为家庭带来更多的收益，让家庭的财富更上一个台阶。

第五章
中等收入家庭怎样理财

　　年收入在20万元以上的家庭，在许多的地区，都可以算得上是中等收入的家庭。对于中等收入的家庭，一般来说都有一笔数额不小的积蓄。如果用这一笔积蓄去进行相关的理财投资，只要选择好投资产品，运用正确的投资方法，就一定会带来意想不到的收益。

第二十一节 投资基金收益有保障

虽然说中等收入的家庭相对有一些积蓄，但是这些积蓄也来之不易。由于资本市场存在着巨大的风险，以家庭为单位的个体投资很难承受投资风险，再加专业知识掌握得不够全面，以及对市场动态把握不准，个体家庭投资获得收益的可能变小。

如果用相同数额的资金去投资购买基金，让专业的理财投资团队去进行相关的资本运作，那么得到收益的可能性就变得特别大。基金管理者把分散的资金集中在一起，由理财专家去进行投资，其规避风险的能力变强，这对家庭投资理财来说是一个不错的选择。

对于中等收入家庭来说，在投资基金的时候，一定要对基金有一个较全面的了解，尤其对于基金的利润来源和基金的种类做一个深刻的认识。

知识之一：基金的利润来源

投资基金，其主要的获利来源是净值增长和分红。基金管理公司把家庭的闲散资金集中起来，由专门的理财专家去投资债券或者股票。当投资的债券或者股票获得收益以后，基金的单位净值就会上涨。对于家庭投资者来说，所购买的基金上涨到一定高度时将基金卖出，扣去一应的费用后剩余的部分，就是投资基金所得到的净值，这部分净值就是家庭投资者所得到的收益来源之一。家庭投资者持有某基金，根据相关规定基金会对理财专家投资基金所得到的收益进行分配，这个时候家庭投资都就会得到一部分收益，这部分收益就是分红收益。

　　贺女士的家庭是一个中等收入的家庭。她的月收入是5000元，丈夫的月收入是1万元。经过几年的积蓄，贺女士的家庭拥有了约30万元的积蓄。贺女士就想用一部分积蓄去进行相关的资本投资。但是，贺女士对于股票、债券之类的并没有什么兴趣，也没有相关的专业知识。她听说投资基金是一个不错的选择，在经过一番考察之后选择了适合自己的基金。贺女士尝试着用3万元去投资基金。贺女士所购买的基金的价格为1元，基金的持有期限为两年，她的家庭购买了3万份基金。在贺女士投资基金的这两年里，基金管理团队投资的股票和债券综合情况还不错，第二年到期以后，贺女士的家庭得到了约1万元的收益。虽然这1万元并不是一个特别大的数目，但是对于贺女士来说，这一份收益还算不错。于是，贺女士又投资5万元，通过组合的方式购买了基金，结果得到了一笔更好的收益。

知识之二：基金的种类

　　基金的种类，按照不同的划分标准可以分出不同的类别。一般情况下，按照投资对象来划分，基金可分为股票型基金、债券型基金、货币基金等。对于不同类型的基金，它的投资风险是不一样的，投资风险较高的基金，其得到的收益也多；投资风险较小的基金，其得到的收益也较少。家庭投资者具体去投资哪一种类别的基金，要根据市场的行情和自己家庭的实际情况，选择能得到较大收益且风险较合理的基金类型。

　　对于家庭投资者来说，如果去投资股票型基金，就要承担较高的风险。但是，家庭投资的股票型基金，如果上涨幅度很好且比较稳定，其收益还是比较可观的。家庭投资者在投资股票型基金之前，一定要先对所要投资的基金有一个全面的了解。对发行基金的公司，它的经营业绩、生产规模、产品质量、创新能力等都要有一个较客观的认识。在基金的招募说明书上，相关的数据是不是存在问题，相关机构对于该基金的评级如何等等。将一应所需要掌握的信息全部认识清楚以后，再做出正确的判断，决定是不是要购买该基金。

倪女士家庭的经济状况很不错。倪女士是一名大学讲师，每个月3000多元的收入；她丈夫是一个工厂的技术骨干，每个月的工资1万元。当倪女士的家中已经约有20万元的积蓄时，她打算去投资理财，再多取得一些收益。倪女士选中了股票型基金。倪女士拿出2万元去投资了某股票型基金，投资的期限为一年。由于倪女士没有对所要投资的基金做一个全面的考察，虽然她一直持有，但是一年的期限到了之后，并没有得到收益，反而损失了一部分。

倪女士把基金卖出之后去请教相关的专家，经过专家的讲解和倪女士认真的思考之后，她才意识到自己没有对所要投资的基金做任何的了解就稀里糊涂去投资了。在总结了上次基金失败的原因之后，倪女士对于基金做了一个详细的了解，最终选择了一家比较好的基金公司，购买了2万元的股票型基金。一年的期限到了之后，倪女士得到了约1万元的收益。

罗女士的月收入是8000元，丈夫的月收入是12000元，每个月2万元的收入，在他们所生活的城市算得上是高收入阶层。罗女士是一个有胆量、有信心、也有头脑的妻子。结婚3年后，罗女士的家庭就拥有了约25万元的财富积累。罗女士拿出5万元去投资股票型基金。在购买之前，罗女士先是选择了一家有实力的基金公司，然后又挑选了几种有前景的股票型基金。

她没有像别的朋友那样把钱都投到某一种基金上，罗女士选择好3种有前景的股票型基金，每一种投资1万元。两年的投资期限到了之后，其中的一种股票型基金，由于运营状况不好没有得到收益，还损失了一部分成本。而其他两种股票型基金，都有一个良好的整体运营趋势。罗女士的家庭得到了一笔不小的财富。

投资货币市场基金，可以作为家庭投资者的一个避风港。虽然它的收益没有股票型基金高，但是它低风险、低成本、操作方便、流动性好，也成为普通家庭投资理财的选择。货币市场基金主要是投资短期的货币市场工具，其滚动性的投资收益紧跟着利率而变化，所以在国外货币市场基金又被称之为"准储蓄"。

汤先生的家庭是一个中等收入的家庭。夫妻两人都是企业的技术骨干，汤先生的月收入是11000元，妻子的月收入是9000元。由于两个工作都很忙，以往家庭的主要理财方式就是到银行去储蓄。三年之后，汤先生的家庭积累下30万元的存款。夫妻两人商量去做点理财投资。在经过一番考察之后，他们决定去投资货币市场基金。因为这种理财投资风险特别小，不需要特别的费心关注，就可以有一个稳定的收益。虽然没有投资股票型基金的收益多，但是对于汤先生家庭来说，比到银行储蓄稍微高一点的收益，也符合他们家庭的现状。汤先生的家庭拿出5万元去投资货币市场基金，投资期限为一年。一年之后，他们的家庭得到了一笔小小的收益，虽然在其他的家庭看来这并不算什么，但是对于汤先生的家庭来说是合适的。

对于投资理财家庭来说，如果在一段相对较长的时间里有一笔资金不动，就可以去投资债券基金。在基金投资种类中，债券基金的投资风险是最低的。虽然投资债券基金的收益没有股票型基金多，但是它的收益较稳定。如果长期持有，会得到较好的收益。

滕女士的丈夫每个月的工资是1500元，而滕女士是全职的家庭主妇。经过几年的银行储蓄，他们的家庭已经拥有一定的存款。滕女士的女儿特别喜欢舞蹈，在三年之后女儿要去舞蹈高级班去学习，需要约4万元的相关经费。在这三年之内，滕女士的家庭用不上这4万元，夫妻两人盘算去做点小的理财投资，得到较为稳定的收益。他们不想再去银行储蓄，于是就选择了债券基金，期限为四年。在这四年里，虽然不会有巨大的收益，但是期限到了之后，滕女士的家庭还能得到一笔小小的收益。这部分收益，虽然不大但很稳定，毕竟比银行储蓄所得的利息要高一些。

毕女士的丈夫是一家私企的老板，每年的年收入都在20万元以上。毕女士就一心在家里做主妇，她和爱人结婚已经五年了，家里总共也就有约62万元的储蓄。毕女士想通过理财投资使自己的家庭财富实现一定程度的增值。具体应该去投资什么类型的理财产品，毕女士对市场上的各种理财产品做了一个详细的考察，她终于有了意外发现。去年央行提高了两次银行利率，今年肯定至少还有三次以上的加息。毕女士拿出10万元去投资债券型基金，投资期限为一年。在上半年的时候，央行两次提高了银行存款利率，下半年还有提高的趋势。等到投资期限满一年的时候，毕女士家庭的财富会有一定的增值数额。对于债券投资来说，它受银行存贷款利率的影响较大，毕女士正是抓住了这个有利的机会，让家庭的投资理财变得更可靠、更适合。

对于家庭投资者来说，如果有一定的经济基础，就可以去购买基金。因为有专业的团队为投资者代理购买股票，所以其投资的水平和收益率要比个人分散投资更加有保障。所以，投资者只要选择好的代理公司，剩下的事情就交给专家团队就可以了。但是，还是要记住，投资基金也是有风险的，所以要放弃一夜暴富的心理。

第二十二节　选好国债未来很美好

对于中等收入的家庭投资者来说，购买国债无疑是一种既有保障、风险又小，而且收益很可观的理财方式。把长期不用的资金用于国债的投资上，持有的期限越长，所得到的收益也就越大。在投资购买国债之前，要先对相关的知识做一个全面的解。最主要的知识有以下几个方面。

知识之一：家庭理财可以投资的国债类型

对于家庭投资者来说，如果要购买国债，有三种类型的国债可供选择。它们分别是记账式国债、凭证式国债和电子式储蓄国债。这三种国债的销售途径，主要是通过银行或者证券公司来代销。

记账式国债即是人们常说的无纸化债券。投资者先要在深市或者沪市注册自己的账户，然后只要通过电脑就可以完成相关的操作。既快捷又方便，其安全由国家来保障。投资者购买了国债，通过常用的对账单来证明对国债的所有权，账单如有遗失也可以挂失。其利息按年支付，会自动划入投资者的账户，投资者可以对这一部分资金自由支配。投资期限到了以后，由财政部兑付本金。

庄女士的家庭是一个中等收入的家庭。丈夫是一家私企的项目主管，月收入2万多元。庄女士是一位全职的家庭主妇，她看到身边的姐妹们都去投资股票，每年也能给家庭带来一笔小小的收益。于是她也在深市开户，用2万元去投资股票。可是，一年下来，不仅没有得到什么收益，还赔进去不少钱。庄女士寻找原因才发现，自己对于股票根本就没有什么知识储备。于是，她去找理财专家，专家鉴于庄女士的个人情况以及她家庭的收入状况，建议她去投资记账式国债。

庄女士这次没有急着去购买记账式国债，而是先全面了解记账式国债。等对记账式国债有了一定的知识储备之后，她拿出10万元去做理财投资。她先是在沪市注册了自己的账户，然后通过电脑进行相关的投资操作，其投资的期限为10年。在庄女士投资记账式国债的这10年期间，每年的利息都会由银行直接转到她的个人账户中。在持有国债的第三个年头，庄女士偶然发现自己手中的记账式国债的持有证明——对账单找不到了。于是，她带着自己的个人证件到银行办理了挂失，随后又取得了新的持有凭证。对于庄女士的家庭来说，虽然利息收入不是一笔数额特别大的收益，但还是给她的家庭生活带来许多的方便。她不用再去像投资股票那样，天天去关注相关的新闻及相关的发展前景。

凭证式国债是不能用于上市交易的一种债券，它不向投资者提供印刷凭证。投资者通过手动填制的收款单据来证明对国债的所有权。凭证式国债的本金和利息，到期后才能一次性支付，相关手续投资者需到银行办理。如果投资者提前支取，利息将根据持有的时间按照分档利率来计算。

申先生的家庭是一个中等收入的家庭，他是一个钢铁厂的技术主管，一个月的工资就有1万多元。他妻子是一位大学的校长，月工资也有约1万元钱。夫妻盘算着去做点理财投资，在对投资市场的理财产品做了一个详细的考察之后，他们选择了投资凭证式国债作为他们家庭的理财产品。申先生拿出23万元去投资凭证式国债，到银行办理手续的时候，银行没有给申先生投资印刷凭证，而是将手动填制的单据交给申先生，作为一种所有权的凭证。申先生这一笔投资的期限为五年，原则上投资的本金和利息，只有期限到了之后银行才会一次性支付。但是，当投资进行到第三个年头的时候，申先生的家庭突然急需大量的资金，他不得不提前把本金和利息取出来。由于持有期限没有达到事先约定的五年，所以利息不能完全按照原来的利率来计算，而是要按照分档利率来计算。虽然没有事先预想的多，但是申先生的家庭还是得到一笔小小的财富。

电子式储蓄国债，也是一种不能上市流通的债券。投资者通过电子记录的相关数据证明自己对于国债的所有权，其查询起来十分方便，也避免了保管纸质凭证的麻烦。如果投资者要提前兑取现金，只允许兑取一部分，且收本金1%的手续费用。

邬女士的家庭，去年继承了一笔不小的遗产和一家服装企业，一下子从一个普通市民的家庭步入了中等收入的家庭。服装企业的经济效益还可以，每个月都能带来几万元的收益，所以继承的50万元遗产基本就是长期闲置的财产。邬女士夫妻都是工厂的普通职工，本身对于经营和理财不太精通。但是，让大笔的资金闲置，他们也觉得不太好。于是，邬女士打算去进行相关的投资理财。她拿出40万元去投资购买电子式储蓄国债，期限为五年。但是，到了第二年的时候，她们服装厂出现问题，急需大笔的周转资金，于是邬女士就想把这部分投资的本金及利息全部取出来。但是，银行给她的答复是，只能提取一部分本金和利息，而且还要收取本金1%的手续费用。邬女士只得先提取10万元去处理服装厂的困难。三年以后，邬女士家庭的服装厂由于经营不好破产了，把一应的资产和产品处理掉，债务还清后他们还有约50万元的财富。正好这一年，邬女士的家庭30万元的电子式储蓄国债期限已到。她把本金和利息取出来，再加上那50万元的财富，他们的家庭还可有资本过上以前的好日子。

知识之二：三种常见的国债投资理财方法

对于中等收入的家庭来讲，由于其各方面的情况都不一样，在具体投资的过程中可以采用不同的投资方法。

方法之一：购买凭证式国债。凭证式国债类似于银行的定期存单，而且是一种纸质凭证的储蓄债券，其办理手续和银行存款很类似。对于中等收入家庭的老年人来说，流动性差的凭证式国债是最合适不过的了。

安先生夫妻同是一家外企的高级技工，每个月的工资都在1万元左右。虽然夫妻两人的收入很可观，但是由于平时工作很忙，所以基本没有时间去做理财的工作。安先生的父亲就把这项工作主动地扛了下来。他想让儿子的钱多生出一点利息来，于是就寻找适合自己家庭，又适合自己的理财投资方式。后来，他终于找到了一种适合老年人投资的产品——凭证式国债。这一种投资方式和银行存款很类似，但是利率比银行存款高。于是，在和儿子商量好以后，老先生拿出20万元去投资凭证式国债。既让有限的家庭资金发挥了它的作用，不至于过分的闲置，还生出了比银行高的稳定利息。

方法之二：投资记账式国债，可以"低买高卖"。由于它采用电脑记账，投资过程中没有手续费，且流动性很强。投资者对于其走势有一个很好的预测，只要低价买进，价格上涨到一定高度以后再卖出，是可以得到可观收益的。

常女士的家庭，月收入在2万元以上。丈夫在外面拼搏养家，而常女士则是一位全职的家庭主妇。看到身边的朋友都在做投资理财的营生，使家庭有一笔小小的收入。对常女士来说，如果去投资理财产品，她有充足的时间去关注，但是她对股票、基金之类没有什么太大的兴趣，也没有相关的知识储备，她担心投资不会成功。对投资市场经过一番考察之后，她选择了投资记账式国债。这种采用电脑记账且投资过程中流动性很强的理财产品，她只要记住价格低的时候买、高了以后就卖，其他的不用太费心，这很适合常女士。于是，她拿出20万元的资金作为投资的流动资金。她经常关注记账式国债的动向，采用低买高卖的方法，几年下来也为家庭带来了一笔笔小小的财富。

方法之三：稳健型投资者购买电子式国债。投资电子式国债的收益，比银行定期存款的利率还要高。对于想进行稳健投资的理财家庭来说，是一个适合的选择。

乐老师的家庭是一个中等收入的家庭，他的月收入有2万多元。乐老师的妻子，是他在农村老家时候结下的情缘。虽然他的妻子只有小学文化水平，虽然他现在收入很高，但是乐老师并没有嫌弃妻子。作为家庭主妇的妻子，也想为丈夫多分担一些，她也想去做一些投资理财，让家里的收入多一些。于是，乐老师就拿出10万元让妻子去投资电子式储蓄。这种方式所得到的收益，比银行定期存款的利率高，而且是通过电子记录来做持有国债的凭证。妻子有时间就关注相关的情况，一方面，国债的投资给家里能带来一定的收益；另一方面，妻子不用太多的实际操作，只需要通过电脑定期查看相关的记录和信息就可以，这也让她找到了一种心理的平衡，从而有利于家庭的和睦。

对于家庭来说，寻找一种更有保障的投资产品，购买国债是首选

123

的。因为有政府来担保，投资者可以放心去投资。投资者只要选择适合自己的产品，并在投资时间和投资金额上把控好，期限到了之后，就可以很轻松地拿到属于自己的那一份收益。

第二十三节　不要背负过重的债务

对于中等收入的家庭来说，经过几年积蓄，都会有几十万元，甚至上百万元的财富。当拥有了这样一笔财富之后，许多的家庭都会去进行相应的理财投资。正因为有一笔不小的财富，所以许多的家庭在理财投资的过程中会大开大合，甚至背负债务去进行投资。在背负债务进行投资的时候，一定要注意几个要点。否则，将会给家庭带来风险。

要点之一：贷款的数额不要太大

对于中等收入的家庭来说，有一定的积蓄以后，都会有一种投资意识，这种投资意识比低收入家庭要强，而且执行力也很强。少则十几万元，多则几十万元上百万元的投资，也不是什么特别奇怪的事情。当选中一个投资项目的时候，一时资金不足就会去贷款。虽然中等收入家庭的整体的收入水平不低，但是去银行贷款的时候一定要控制住数额，选择一个适合自己的数额去贷款，否则，不但投资容易遇到困境，也会对家庭造成很不利的影响。

和先生是一家小外贸公司的老板，他每年的收入都在30万元以上。在他们生活的城市，他的家庭在市中心的位置有一套属于自己的200平方米的房子，还有一辆不错的名牌汽车。因此，和先生的妻子一心在家当主妇并照看孩子。一次，和先生接到一个大的订单，有一个外商要购买数目可观的机器零部件，如果这个项目做得好，整个下来可以得到近800万元的收益。但是，现在和先生的流动资金不足，只有约200万元。于是，他拿自己的房产做抵押，又找了一个有身份的朋友做担保，到银行贷款500万元去做这个项目。但是当和先生把一应的货物全准备好以后，却得到那个外商意外去世的消息。他的那一个项目，也随之变成了一个幻影。为了还上银行的贷款，一方面以低于市场价格的标准把手中的产品卖出去，又把汽车卖了，用于偿还贷款。还好公司有其他的执行项目，把那一部分利润拿过来补充到贷款上。幸运的是，和先生把这笔贷款尽快还上了，不至于把房产交给银行。和先生的投资理念是值得肯定的，但是他在贷款的时候如果能考虑到自己家庭的实际承受能力，投资会变得更有意义。

要点之二：不要同时背负多种债务

对于中等收入的家庭来说，在进行投资理财时，都想去做大的项目，以尽快得到更多的收益，从而使自己的家庭上升到一个更好的层面上。人们都有一种"一山望着一山高"的心态，所以就经常会有中等收入的家庭通过贷款或者其他途径筹集资金去投资大项目。那种超出自己承受能力的贷款，对于一个家庭来说是非常危险的，而且对于那种负多种债务的家庭来说，简直是一种自我的毁灭。债务是一个沉重的话题，如果一个中等收入的家庭背负的债务过多，很有可能让自己的家庭在很短的时间内一下子彻底走向灭亡。

于女士是一个家具厂的厂长，她的家具厂每年能为家庭带来20多万元的收益。她的丈夫是一家企业的技术主任，每个月收入约为8000

元。对于这样一个家庭来说，他们应该能过上非常幸福的生活。但是，于女士对这一切并不感觉满意，她想得到更多的财富。在一个国际性的展会上，她看到某国际名牌家具的单价竟能卖到20万元以上。于是，她就想去投资这个项目，但是自己的资金并不多。对于这样一个大的项目来说，至少要有2000万元的投资才能运营下去。于女士去银行贷款500万元，又从朋友那里凑到500万元，再加上自己的积蓄500万元，也只有1500万元，还有500万元没有出处。在万般无奈之下，于女士只好去借高利贷。对于女士的这种做法，丈夫从开始就反对，但是对于一贯强势的于女士来说，并没有把丈夫的话放在心里，反而责备丈夫没有本事、不知道去赚钱。在于女士得到她想要的2000万元以后，就开始了她的投资名贵家具之路。可是，当她去具体操作的时候，她才意识到名贵家具的市场并没有想象的那么好。银行贷款的期限越来越近，高利贷的人也常常半夜跑到家中威胁。当她把家里能用来换钱的东西一件件运出去的时候，她的家庭也慢慢地破碎了，丈夫带着女儿离她而去。等待她的，只有更加痛苦的明天。

要点之三：家庭理财不要过度投资

对于有一定积蓄的中等收入家庭来说，适当做一些有风险的理财投资，这与其家庭的现状是相符合的，本来也是很正常的事情。但是，在进行风险理财投资的时候，如果过度投资，那么，对于整个家庭来说，就会由好事变成坏事，甚至是一种十分危险的事情。这种过度的投资，其与实际承受的额度之间差额越大，危险系数就越大，对于整个家庭的危害也就越深。

时先生是一家小玩具厂的老板，原本有着一个幸福的家庭。玩具厂每年能带来20多万元的净收益，虽然在他们生活的地方，不算是太富裕，然而也算是中等收入的家庭。当家庭有了一定的积蓄之后，时先生就想去做点理财投资，以使得自己家庭的收益得到更大程度的升值。时先生看到许多的老板炒房产得到巨额的收益，他就拿出巨额的资金去投资炒地皮。对于原来的小玩具厂，他也没有什么心思去关注，任由它慢慢发展。几年下来，小玩具厂经营不顺利，开始走下坡路，不仅没得到什么收益，反而还有些损失。时先生对玩具厂的经营好坏已经没有太大的兴趣，他所想的就是通过炒房产得到巨额的收益。由于炒地皮在短时期内不能得到收益，所以他手中能拿出来的资金越来越少。如果停止向地皮注入资金，以前的资金就打水漂了。时先生一狠心，负债接着去投资地皮。这个时候，他的小玩具厂破产，他的家庭彻底没有了经济来源。妻子一气之下离他而去。正当时先生投资的地皮快要得到收益的时候，有关部门查出其地皮存在违法操作，将其冻结。等待时先生的只有冰冷的铁窗。本来时先生投资理财是想多得到一点收益，到后来他竟然为了追求巨额的利润，把自己的玩具厂关了，而去投资自己根本没有能力掌控的地皮，其家庭的破产是早有预示的。

要点之四：消费未来要以投资为目的

对于年收入很有保证的中等收入家庭来说，适当的超前消费有利于实现资金的合理利用。适当的超前消费，可以使家庭的生活更美好。但是，如果一味地为了安乐的生活，而过多地去消费未来，那就是一种自我的毁灭。除非消费未来的目的是为理财投资的需要，否则要立即中止消费未来的行为。

傅先生的家庭是一个中等收入的家庭，每个月都有约2万元的收入。妻子是全职的家庭主妇，而他却一心经营印刷厂。随着印刷厂的名声越来越好，有许多的企业都与之合作。面对这种大好的局面，傅先生决定拿出等同于未来两年收益的资金去扩大工厂的规模，增添新的设备，培养新的技术人员。傅先生以房产为抵押，向银行贷款50万元，去投资做这一件事。对于他的家庭来说，傅先生拿着未来的收入去投资做自己的项目，一年以后他成功了，企业的订单越来越多，利润也越来越好。这种适度贷款消费未来是以投资为目的，并取得了成功。这样的贷款消费是有意义的。

皮女士的家庭是一个中等收入的家庭。丈夫是一家企业的高管，每年都有20多万元的收益。皮女士看着身边的姐妹们都有了属于自己的别墅和高档轿车，觉得自己十分没有面子。于是她就一直跟丈夫吵架，要求购买别墅和高档轿车。对于年收入只有20万元的家庭来说，这是一种不切实际的举动。但是，丈夫还是同意了皮女士的要求，他去亲戚朋友那里借了100万元，又把自己持有的股票变卖后，得到约100万元。丈夫用200万元在市区购买了一座豪华的别墅，但是高档轿车只能拿房产抵押，用贷款来买。皮女士过上了她所梦想的生活，但是丈夫由于生活的压力过大，没过几年就过世了。由于失去了经济来源，皮女士的别墅没过多久，就被银行拍卖，高档轿车也用于偿还负债。当家里所有的东西都被变卖之后，皮女士只剩下孤身一个，过着流浪的生活，身边的人都用一种鄙视的眼光看待她。皮女士本来可以过上很优越的生活，但是由于她为了享乐而过度去消费未来，导致了家庭的破碎，她在以后的人生中将慢慢体会由自己种下的苦果。为了享乐而过度的负债消费，必将被生活压得抬不起头来。

借债从根本上来说是一种超前的消费，适度的借债可以让自己的生活过得更加舒适。当遇到暂时的困境时，可以将下个月的收入提前拿出来消费。但是，投资者千万不能过度地背负债务，以避免意外情况出现时不能及时偿还借债，还给自己带来巨大的麻烦。

第二十四节　为家人的健康投资

对于中等收入的家庭来说，理财投资有一项支出是必须要有的，那就是为家人的健康投资。对于家庭成员来说，只有身体健康了，才能有幸福快乐的生活。否则，即使有许多的财富，也不会得到真正的幸福和快乐。中等收入家庭在给家人进行健康投资的时候，有几个要点一定要引起重视。

要点之一：远离垃圾食品，多吃"绿色食品"

有的中等收入家庭，特别是有孩子的家庭，为了让孩子能吃得好，经常给孩子吃所谓的"好吃的食品"。他们觉得像麦当劳、奶油蛋糕之类的进口高档食品以及一些很少有人吃过的古怪食品，是人间的美味，给自己的家人经常吃，就可以过上一种高档的、有品味的生活。其实这是一种误区，这种对于食品的投资起不到高档生活的效果。相反，还会对家人的身体产生不良的影响。

贾女士的家庭是一个中等收入的家庭。贾女士是一家教育培训机构的高管，她的月收入在1万元左右。丈夫是一家汽车生产厂的工程师，每个月的工资都在1万元以上。她们有一个可爱的儿子，儿子一天天长大，除了教育投资之外，儿子爱吃什么贾女士一定是有求必应的。儿子爱吃肉和西餐，贾女士就天天给儿子吃肉，常常带着儿子去吃西餐。每个月用于这一项的支出就达5000元以上。几年下来，儿子变得越来越肥胖，也越来越懒得运动。在一次学校的体检中，儿子被查出了高血压、高血脂等许多问题。贾女士又不得不让儿子去减肥，由于儿子已经养成了吃高热量、高脂肪食物的习惯，所以减肥总是反复的反弹，并没有取得什么好的效果。贾女士没有办法，只得到相关的专家那里寻求帮助。专家给贾女士的儿子制定了一个有效的计划。但是，专家告诫贾女士，回到家以后，不可以再给孩子吃高热量、高脂肪的食品，要多吃绿色的健康食品。到了此时贾女士才意识到，这些所谓的世界美食，其实只是在满足人的味觉和视觉，对于人的身体并没有什么好处。

丁先生是一位优秀的企业家，他的企业每年的利润都在20万元以上。由于企业的收入很可观，所以丁先生的妻子是一位全职的家庭主妇，一边照看着家，一边教育孩子。虽然丁先生的家中并不缺钱，但是丁先生夫妻却很少给孩子吃那些"垃圾食品"，因为丁先生夫妻清醒地认识到，那种高热量和高脂肪的食品对孩子的成长没有什么好处。丁先生专门从专家那里取得关于绿色食品的名单和产地等信息，然后去购买。给他们孩子多吃绿色食品，无公害蔬菜、水果，经过精心培养的肉类、蛋类和奶类食品等。每年在健康食品上的投资就达3万多元，几年之后，丁先生的孩子长得强壮，也很聪明。丁先生却说，这一份健康食品的投资是值得的。

要点之二：重视体育锻炼，合理的健身投资

随着城市化进程的加快，在现代人的生活中，越来越多的人宅在家里或者宅在办公室里，很少有时间去锻炼身体或者有时间也不愿意去锻炼。这是一个社会问题，也是一个现实问题。对于中等收入家庭来说，

要有一个合理的健身投资，可以购买一些常用的健身器材放在家里，或者到专门的健身房办理长期的会员卡。这一笔健身投资，将对家庭成员的生活质量带来大幅度的提高，身体健康了就会少生很多的病。从这个意义上来讲，这也是一种理财投资。

程先生是一家公司的运营总监，他的月收入在2万元以上，由于工作比较忙，没有足够的时间去健身。他从自己身上切身感受到健身的重要性，于是，他投资5万元购买了一套家用的健身器材。每天早起锻炼半个多小时，再到公司上班。在程先生的带领下，妻子和儿子也天天锻炼身体。经过一年的健身，家庭成员的身体素质有了很大的提高。这一年，家庭用于医疗消费的支出比上一年少了一半还多，竟然少消费了约2万元。这对程先生的家庭来说是一个十分利好的消息。这一套家用的健身器材，其使用的年限在十年以上，天天锻炼身体，既让家庭成员有一个好的身体，又少了一部分医疗支出。

焦女士是一个私企的主管，每个月的收入在5000元以上。丈夫是一家机械加工厂的技术骨干，月收入在1万元以上。两个人平时都十分忙，加班是很正常的事情，很少有时间进行体育锻炼。偶尔有点时间，还想宅在家里睡上一个好觉。两年下来，夫妻觉得身体越来越不如以前，只要有流行的感冒或者其他病症，两个人的身体就会有反应，经常生病吃药。两个人经过商量，决定投资1万元到一家健身房办理长期会员卡。一有时间，就去那里健身。虽然两个人都常常加班，但是每周总能抽出一点时间到健身房里锻炼身体。一年之后，夫妻两人明显觉得各自的身体素质越来越好。焦女士觉得这1万元的健身投资非常值得，因为她们得到了一个健康的身体。

要点之三：为家庭成员投资购买可靠的健康保险

有一句俗话说得好："人吃五谷杂粮，没有不生病的。"对于中等收入的家庭来说，手中有一定数量的资金，就应该为家人投资购买健康保险。提前将这一笔钱拿出来，防患于未然也体现了投资理财的一种积极意义。

狄女士的家庭，年收入在25万元以上，一家三口，有房子，有车。不到十年的时间，狄女士的家庭就积累起了上百万元的财富。在别人的眼中，狄女士的家庭过着幸福快乐的生活。然而，人生总是有波折的，当一个曲线上升到一定的高度时，就会有一种下降的走势。在家里人没有发现任何征兆的情况下，狄女士的儿子突然得了一种奇怪的病。不明原因的低烧，跑了许多家庭医院，虽然各有各的说法，但是没有一家医院能确定低烧的原因。最后，一个专家组找出狄女士儿子的病因，是由于生活的环境污染加重，孩子身体素质不太好，恶劣的环境使得他整个的器官都受到了影响。在三年的漫漫求医路上，狄女士不仅花光了家中所有的积蓄，还负了债。虽然儿子病治好了，但是她的家庭却要面对家徒四壁的生活。这时候狄女士才突然意识到，当初家中殷实的时候，为什么没有购买健康保险呢！要是有保险，现在的生活也不至于这么艰难。

要点之四：要准备定期的医疗检查支出

中等收入的家庭，如果理财有一个适合的规划，定期给家庭成员支出医疗检查费用，并不是一件太困难的事情。对于一个生命个体来说，都会有生病的时候。通常情况下，只要病症能提前发现，即使是比较难治的病症，在其早期的时候一般也很容易治疗。这一部分投资，是在提前给家庭成员的健康把关，把可能出现的健康隐患提早显示出来，并消灭在萌芽状态。

　　江女士是一个高级白领，丈夫是一个企业家。她们的家庭，每年都有20万元以上的利润收入。在她们生活的城市，有一套自己的大房子，有属于自己的小汽车。江女士不用出去工作，过着一种神仙般的生活。但是，江女士并没有因此而让自己一味地享受生活，她对自己和丈夫的身体健康非常关注。每隔一定的时间，她就会和丈夫一起到医院做一个常规性质的医疗检查。身边许多的人都对江女士的做法不太理解，虽然你们手里面有钱，但是医院可是一个花钱的地方，你们有多少钱也填不满。但是，江女士并不在意别人说什么，每当发现丈夫的身体状况出现不好的预兆的时候，都会根据医生的建议去进行相关的疗养或者休养。自己的身体出现不好的状况，江女士也让丈夫陪自己去疗养或者休养。虽然每次检查都会花去一部分家庭财富，但是夫妻两人的身体都很好，她觉得这一理财投资很合算，虽然没有得到金钱，但是却得到了比金钱更有价值的健康。

　　邹先生是一家机械制造企业的高管，他的月收入在2万元以上。家里有房有车，他的妻子是一位全职太太。邹先生平时很忙，基本没有什么时间待在家里。经常一个项目要上马，邹先生都要全程跟进，直到出厂后客户满意为止。每个月好不容易有点时间休息，妻子都要邹先生陪她去逛街或者待在家里看电视剧。有一次，一个新的项目要上马，邹先生一连两个月都没有回家。当项目完工的时候，邹先生却昏倒在了车间里。等送到医院之后，医生给出的检查结果是邹先生已经是肿瘤晚期，他只能再活三个月。像这种病如果能提早发现，只要进行应该的科学治疗，肿瘤并不像想象的那么可怕。对于邹先生的家庭来说，一年去医院做几次例行的检查，并不是没有这个经济能力，而是邹先生和他的妻子没有这种健康体检投资的意识。

人们投资理财是为了有一个更好的生活。对于一个家庭来说，一定要将家人的健康投资放到一个十分重要的位置上。俗语说"身体是革命的本钱。"只有有了一个健康的身体，才能有更好的生活。千万不能因为一时的忙碌甚至粗心，而将投资在健康的财富挪用到其他的理财产品上，这是对自己的不负责任，也是对家庭的不负责任，其理财也没有了实际的意义。

第二十五节　控制不必要的消费

不管是哪一个收入阶层的家庭，人们都向往富足和舒适的生活。对于中等收入的家庭来说，他们更想拥有美好的生活，这也是他们理财的目的之一。虽然对于中等收入的家庭来说，他们每年都拥有几十万元的收入，但是，在具体消费的时候，还是不能随心所欲。要根据自己家庭的实际情况，既要使家庭成员过上富足和舒适的生活，又要减少不必要的消费。要做好财富的积累，进行积极有效的理财投资。通常情况下，对于中等收入的家庭来说，有几种类型的消费要引起高度重视。这几种类型的消费，或者要有所节制，或者要远离。

类型之一：奢侈品消费

对于有些中等收入的家庭来说，为了让自己的家看起来更加上档次，更加有品味，适当购买一些奢侈的家具、装饰等也是合理的。但是，如果不顾家庭的实际情况，一味地追求奢侈的消费，对于中等收入水平的家庭来说也是承受不起的。一味地追求奢侈品消费，并不符合中等收入家庭的理财原则。

赵女士的家庭，年收入在30万元以上，算是一个中等收入的家庭。走进她的家里，有几件几十万元的家具和几件几万元的古董。来到赵女士家的客人们都说，她的家十分高档，而且十分有品味。家中那几件奢侈品，对于赵女士来说，虽然消费了不少的积蓄，但是这些奢侈品还存在升值的空间，在可预见的时间内不会出现价值的损失。赵女士清楚地认识到，虽然家里收入还算可以，但是这些财富都不是大风刮过来的。一分一分的，都是她和老公拼命挣来的。所以，赵女士并不去购买过多的奢侈品，尤其是那些动辄几万元、几十万元的名牌包、名牌皮鞋等。那些奢侈品，只要用上一段时间，就会出现质量问题，而且是不能维修的。几年之后，赵女士的家庭仍是过着十分富有的生活。

项女士的丈夫是一家企业的老板，每年能给他的家庭带来约20万元的收益。家里有房子，也有自己的车。项女士是一个很会享受生活、也很奢侈的都市达人。凡是她看上的东西，不管有多贵，她都要把它买回家里。过一段时间之后，项女士不喜欢了，再去购买别的物品。对于一千元以下的衣服、化妆品等项女士根本不放在眼里。她的消费原则是，只要视线能看到的地方，都要是高档次的产品。因此项女士的家就像是皇宫一样，而她就像是一个受皇帝宠爱的妃子一样。由于项女士过多地去追求奢侈品消费，所以她的手中基本没有什么积蓄，更谈不上理财投资。没过几年，丈夫的企业出现经营困境，项女士连一分钱都拿不出来去帮助她的丈夫。当她丈夫的企业破产之后，项女士过不上那种宠妃一样的生活，于是就和丈夫离婚，想去再寻找另一个靠山。然而，她再也找不到第二个家，只能在痛苦和不平中回忆着过去的时光。

类型之二：赌博性质的消费

中等收入的家庭，虽然每年都有至少几十万元的收益，但是，他们想要进一步提升自己家庭的收益，一定程度的投资理财是很有必要的。从家里拿出一部分积蓄去投资股票、投资基金，或者去投资实业等，都可以得到属于自己家庭的那一部分收益。有的中等收入家庭，老是觉得投资理财不能在短期内实现财富的升值。他们想让自己的财富在很短的时间里几倍、几十倍甚至几百倍的增长，于是就去赌博。对于赌博，以及带有赌博性质的所谓投资，千万不要去触碰。否则，就会财富耗尽，家庭破碎，甚至于断手断脚。

高先生是一个食品厂的老板，他的食品厂虽然不是十分大，但是，每年也能为家里带来30多万元的收益。几年下来，高先生的家庭得到200万元的积蓄。可是想要得到更多的收益，高先生觉得光依靠这个小食品厂是不行的。当他看到许多电视剧和电影中，赌王在一夜之间就可以得到上千万元的财富。于是，高先生找到一些赌博的高手，出高价向他们学习赌博的技巧。之后，高先生也不去打理他的食品厂，天天练习赌博的手法和技巧。几年之后，高先生在赌博上花尽了所有的财富，他的家庭从中等生活水平而一下子变得一无所有。妻子在劝说丈夫赌博无效的情况下，带着孩子离他而去。高先生也在一次赌博中，由于出老千，被赌博的人砍断右手。

关女士是一个家庭主妇，她的丈夫开了一家连锁的餐厅，生意还算不错，每年能给家庭带来40多万元的收益。关女士对于普通的理财没有什么知识储备，也没有足够的耐心，但是她还想找到一种适合自己的投资理财方式。在一次和其他姐妹的聚会中，她得知有一个博彩网站，只要注册成会员，就可以去投注。有的姐妹，已经通过这个网站得到了100

多万元的收益。关女士就把那个网站的网址记下来，回到家中背着丈夫自己偷偷地尝试着去买注。只要把现金汇入到指定的账户中，就可以得到网站的积分，然后用积分来下注。最后得到的积分，在24小时之内就会变成现实中的人民币，并转到注册人交易的账户中。

刚开始关女士只是几百元、几百元的下注，结果不到一个月，就得到5万元的收益。看着自己账户中的5万元，关女士开始变得大胆起来，以千元为单位去下注，一个月下来，又得到约10万元的收益。当关女士拿着自己家庭多年的积蓄，以万为单位下注以后，所得到的积分，却没有在24小时内转为资金。当她打开网站的时候，却发现那个网站已经不存在，原来的客服电话也一直接不通。她打电话给原来的姐妹，她们的电话也一直处于关机状态。关女士这才意识到自己可能陷入了一场骗局之中。关女士硬着头皮把这件事情告诉丈夫。丈夫马上报警，经过一段时间的侦破，关女士追回了部分的损失。从这之后，关女士再也不做一夜暴富的梦，而是认真地做好有效的家庭投资理财。

类型之三：人际交往的排场消费

中等收入的家庭，有着一笔相对较高的收入，在周围的交际圈中难免会有一些场面要走。这种场面如果太小气，会显得十分的没有面子，在以后的交往中也带来麻烦。如果场面过大，又会对家庭的经济状况造成不利的影响。所以，在安排这种场面的时候，一定要把握好分寸，千万不能为了面子而超额去消费。

郑女士是一个普通的老师，每个月的工资是3000元。她的丈夫是一家公司运营总监，每个月的工资为15000元。她们的家庭还算得上是一个中等收入的家庭。有一次，郑女士的一个大学同学正好路过郑女士生活的城市，顺路来拜访她。郑女士听说这个大学女同学现在生活在国外。

她的老公是一家跨国公司的老板，拥有近10亿美元的财富，那可不是一般的人物。

对于如何招待这个同学，丈夫的意见是：在家里自己做一顿丰盛的家常饭，或者找一家还算可以的饭馆来招待。老同学聚会，本来就是聊聊过去、现在和未来，沟通一下感情，只要情意还在，不用过于铺张。但是，郑女士觉得那样自己脸上没有面子。自己同学的家里有10亿美元的财富，那她平时过着什么样的生活？就咱们这样的小家，人家来了我都嫌丢人。于是，郑女士找了一个电影剧组，把自己打造成一个贵妇人的样子。经过一段时间的打造，当和老同学见面之后，郑女士就如同一个明星一样举止优雅，周围又有许多的人来捧场。剧组按照身份找演员扮演社会名流、企业家、政界官员等等，来衬托郑女士的地位。当这一场排场过去，老同学要上飞机的时候，给郑女士说了一句话。其实她在国外，只是一个普通的外语教师。那些传言，只是她自己编出来的。为了一场不切实际的场面，郑女士的家庭消费了10万元的积蓄。想起丈夫辛苦在外面工作，而自己竟然为了一时的畅快，而消费了他大半年的心血。

对于中等收入的家庭来说，它的经济状况虽然相对较高，但是这一笔收入毕竟是有限的。如果一味去过度的奢侈消费，过那种所谓的好生活。一旦有什么意外发生，将很难拿出钱来坦然应对。而且很有可能，会从一个中等收入的家庭而一下变得一无所有。相反，如果认清自己家庭的现状，不做那种一夜暴富的梦，认真地做好相关的理财投资，用不了多久就会过上富足和舒适的生活，这才是中等收入家庭的理财之道。

第六章
低收入家庭怎样去理财

对于低收入的家庭来说，有了一定的财富积蓄之后，在进行投资理财的过程中，一定要根据自身的现状去选择适合的项目。千万不要为了得到较高的收益，而去冒险投资高风险的项目。低收入家庭的理财投资，只要能够实现财富的增值，对于整个家庭来说就是一件幸福的事情，即使增值的额度不是太大。

第二十六节　减少开支，积极存钱投资

低收入家庭，由于收入水平不高，一般手中并没有太多的财富。于是，有的人就认为，家庭投资理财只是有钱人的事情，低收入的家庭就没有必要理财。其实，这是一种认识的误区，低收入家庭更要做好理财投资。一般来说，低收入的家庭，其理财投资可以分为四个主要步骤。

步骤之一：尽可能地减少开支

对于低收入的家庭来说，其经济状况不是太理想，在日常的生活中就要学会勤俭持家。能不去买的东西就不去买，能少花一些钱去消费的，绝不花过多的钱去消费。要把家庭中很有限的资金用在确实需要的地方。

钟女士的月收入只有1000元，丈夫前些年得了一场病，双腿落下了残疾，下半生只能在轮椅上度过。丈夫靠给一些出版社编辑校对稿件来获得收益，每个月也能收入约2000元。钟女士的女儿正在上初中。每个月3000元的收入，对于她的家庭来说，确实很低。但是，钟女士是一个很会持家的妻子。她从旧货市场上淘到一些看上去很美观、质量很好，就是有一点旧的家具，摆设在家里面；家人穿的衣服，她从服装批发市场上购买便宜又实惠的。她的日常生活准则是：日常用品，只要不是残次品，能用就行；日常饮食，只要不是假冒伪劣产品，能吃就行。这种近似苛刻的持家，让她的家庭在最大程度上减少开支。眼看着，女儿就要考大学了，钟女士又决定把自己家的房子出租给外来的打工者，一个月能得到1500元的收益，而她们一家人搬到市郊，租了一套500元的房子。等到女儿上大学的时候，钟女士的家中已经有了约10万元的存款。这10万元对于别的家庭来说可能并不是一笔太大的数目。但是，对于钟女士来说，这是她这几年勤俭持家的所得。

韩先生的家庭是一个低收入的家庭。他的月收入是2000元，妻子的月收入是1000元。夫妻两人在某城市中依靠给别人打工为生。面对着城市中的繁华，看着别人过着潇洒的生活，夫妻两人也慢慢地养成了大手大脚的习惯。购买高档的化妆品、名牌衣服，经常到外面的饭馆去消费等。夫妻两人，每个月都基本上没有什么节余，大多数情况都把一个月的收入提前支出来消费掉了。夫妻两人在外面漂泊了五年，手中没有一分钱的积蓄。如果夫妻两人还像这个五年一样生活，没有任何的积蓄，那么等待他们的只有更残酷的生活。

步骤之二：积极地到银行储蓄

对于低收入的家庭来说，由于没有过多的资金去进行其他项目的理财投资，银行储蓄成为首要的选择。坚持每个月都积极主动地到银行去储蓄，对于家庭未来的生活有着非常积极的意义和作用。

谢女士夫妻都是一家工厂的普通员工，两个人的工资加起来也不过只有4000元。每当厂里发工资以后，夫妻两人先拿出1500元钱存到银行的固定账户中，用剩下的2500元钱来应付家中的日常开支。谢女士夫妻从结婚的第一年起就开始存钱，从来没有中断过。二十年后，她的家庭拥有了约36万元的积蓄。除去女儿上大学的开销之外，谢女士在勤俭持家20年之后也过上幸福的日子。之所以，一个低收入的家庭能拥有36万元的存款。关键是谢女士夫妻积极地到银行去存款，把有限的财富慢慢积蓄起来，时间一久就会积少成多。

步骤之三：进行有效的投资

对于一个低收入家庭来说，只要进行了10年以上的积极储蓄之后，一般都会有一笔小小的财富。对于这样一笔多年辛苦才积攒下来的财富，应该如何进行理财呢？如果用于投资高风险的理财产品，一旦有什么风险，多年的心血就会付诸东流。最好的理财方式是进行有效的投资。这里所说的投资，不一定要使财富增长，为家庭成员投资一种保障，也在其范围之内。

郑女士生活在一个普通的农民家庭里，一个月的平均收入也就3000元钱，每个月郑女士都积极储蓄，月平均存款不少于1000元。郑女士家中每一季的粮食收入约为6000元，一年两季能得到1万多元的收入。除此之外，夫妻两人在农闲的时候就到外面打零工，也能得到一部分收益。20年以后，郑女士的家中积蓄下来约20万元的存款。谢女士拿出10万元去投资开了一个养鸡场。不到5年，她的家庭年收入就达到了近100万元。郑女士家也盖起了小别墅，过上了富足的生活。郑女士的家庭，之所以能过上富足的生活，一方面是其先前积极储蓄；另一方面是其合理的投资实业，开办了一家养鸡场，使得她家庭的财富实现了增值。

时女士是一个普通的纺织厂工人，每个月的工资只有1500元。丈夫是一家私企的小职员，每个月的工资仅有2500元。虽然时女士的家庭每个月只有4000元的收入，但是经过几年的积累，她的家庭还是拥有几万元的存款。时女士拿出了3万元在城郊的一个路口投资开了一家小卖部。由于这个小卖部的位置较好，每天都会有许多的流动人口从此路过。小卖部虽然只有一间门面，但是生意还是十分红火。一年下来，竟然也能为她的家庭带来近5万元的收益。时女士的家庭，虽然是一个低收入的家庭，但是，在有了一定的积蓄之后，时女士去进行有效的投资，从而使他的家庭生活水平上到了一个新的台阶。

杜女士是一个全职的家庭主妇，其家庭的全部收入只是丈夫每个月3500元的工资。随着女儿一天天的成长，杜女士夫妻必须要为女儿准备一笔教育经费。于是，杜女士为女儿进行教育储蓄。对于非义务阶段的教育储蓄，银行有专门的教育储蓄业务。这一项储蓄享受高利率，并且免税待遇。在女儿上小学四年级的时候，杜女士到相关银行以女儿的名义开设了一个账户，开始为女儿储蓄教育经费。每个月杜女士都会往账户上存钱，多则200元，少则50元，结果女儿高中还没有毕业，账户中的钱就已经达到了银行所规定的2万元的标准。当女儿高中毕业、考上大学之后，她就可以将部分钱取出来。这种类似零存整取的教育储蓄，对于教育投资来说是一项非常好的选择。杜女士就是平时把小钱存起来，时间一长就可以得到一笔教育经费。

步骤之四：房产投资要早规划

对于低收入的家庭来说，要在都市中得到属于自己的房产，在短时期内一般很难实现。那就不妨早做规划，先暂时选择租房住，等到扩大自己家庭的收入后，再去买普通商品房，或者提前规划去购买保障房。租房，越来越受到低收入家庭的青睐，不需要太多的钱，就可以住上适合自己家庭的房子。

达女士夫妻都是从农村到城市来打工的，刚开始的时候，他们租房子住。丈夫一个月收入2000元，达女士一个月的收入是1000元。达女士的家庭，每个月要花500元去租房子，每个月实际能用于家庭支出的，仅剩下2500元。达女士在她的家庭创业初期就制定了购房计划。她计划十年以后在城市里有一套自己的房子，虽然她那个时候还没有能力购买房产。当她们处于低收入阶层的时候，达女士不考虑购买房产，而是以租房作为一个暂时的缓冲。十年之后，她的家庭月收入从原来的3000元上涨到了10000元，达女士夫妻于是就申请去贷款购买房产。

对于一个家庭来说，只有拥有了大量的存款，才能为以后提高整体生活水平以及进行更好的理财投资提供一个经济保障。简单地说，只有最大的限度将整体的支出降低，才能得到最大数额的存款。在具体支出的时候，对于可买可不买的就一定要马上取消。只有看紧自己的钱袋子，才能理出属于自己的财富，否则，有再多的财富，也只是入不敷出。

第二十七节　认清现状适度理财

随着我国经济的高速发展，许多的家庭开始过上了富足的生活，而有的家庭仍处在一个相对较低的生活水平。对于低收入的家庭来说，一方面，要对自己家庭的现状有一个十分清醒的认识，不要一味地和别人攀比；另一方面，也要明确低收入只是暂时的，这是发展中的现实。但是，当家庭暂时还处在一个低收入的阶段时，一定要做好适度的投资理财。只要对自己家庭的现状有一个清醒的认识，并做好与之相适应的投资理财，过上富足的生活将不会等待太久。

第一，认清家庭收入的现状

对于低收入家庭来说，在进行相关的消费及投资理财之前，一定要对自己家庭的现状有一个十分清醒的认识。自己家庭的月收入是多少、每个月需要支出多少、每个月能够节余多少等一系列的问题，都要做到心中有数。如果对自己的家庭收入没有一个清醒的认识，在进行消费以及理财的时候，就可能走上一条歧路。

穆先生是一家工厂的普通工人，他的月收入只有2000元。妻子是一家服装厂的女工，每个月只有不到1000元的收入。对于一个月收入只有3000元的家庭来说，在穆先生生活的城市，确实属于低收入的家庭。穆先生夫妻对于自己家庭的现状有一个十分清醒的认识。他们每个月都会先拿出1500元存入到银行的固定账户中，然后再用剩下的钱来打理生活。夫妻两人的生活十分简朴，丈夫从来不喝酒、也不抽烟；妻子从来不买高档的服装和化妆品。经过几年的积蓄，他们的家庭竟然也有了6万元的存款。当手中有了一定的存款之后，夫妻两人拿出3万元去投资开了一家小饭馆。几年之后，穆先生的家庭积蓄了13万元的财富。面对越来越好的生活，夫妻两人对于未来的日子更加有信心。

穆先生夫妻对于自己家庭的现状有一个比较清醒的认识。所以，在日常生活中，他们根据实际的收入进行银行储蓄和消费支出。当具备一定的投资理财条件之后，他们又根据自己家庭的情况做适合的投资。最终，他们过上了幸福而富足的生活。

萧女士的家庭每个月有8000元的收入，但在他们生活的城市属于低收入的阶层。萧女士的丈夫尹先生，是一个工厂的车间主任，每个月的工资可以达到8000元左右。萧女士是个十分会享受的主妇，她基本上每个月都会去购买衣服和化妆品。价格太低的物品，萧女士觉得太没有品味，她总是去购买高档的，所以她的家庭基本上没有什么积蓄。两个人结婚三年以后，竟然和刚结婚的时候一样，手中没有一点积蓄。看着别人都慢慢过上了好日子，萧女士觉得自己过得十分窝囊，于是就提出和丈夫离婚。尹先生在万般无奈之下，就和萧女士离婚，房子归萧女士作为补偿。

之后，尹先生仍然是勤奋地工作，他认识到自己的收入水平不高，所以生活很节俭，每个月都能存下5000多元的存款。五年之后，尹先生存下了约30万元的存款，并和另一个女士共同贷款购买了一处新房，两个人过起了幸福的生活。而萧女士在和尹先生离婚后的几年里，一直在寻找新的丈夫，但是没有一个男人愿意接受这样一个不顾家庭现状、好吃懒做、一味享受的女人。当把房子卖了以后，萧女士在城市里没有了依靠，只能回到父母那里做啃老一族。

萧女士本来有一个完整的家庭，虽然收入不高，但是完全有能力过得很舒适。但是，萧女士没有认清自己家庭的现状，一味地追求新潮而享受的生活，结果导致了家庭的破碎。如果萧女士能把自己的个人生活放在与之相适应的家庭背景之下，适当的消费也是在理财的范围之内。最终萧女士只能在纠结中活着，把原本属于自己的幸福，让给了别的女人。

第二，适度的投资理财

对于低收入的家庭来说，在经历过几年的积蓄之后必然会有一部分属于自己家庭的财富，虽然其数量不是太大。对于这部分数量不太大的财富，只要运用得好，进行有适度的投资理财，它可以为我们的家庭带来意想不到的收益。

姚先生夫妻原来生活在农村，五年前夫妻两人来到某大城市打工。

那个时候，两个靠给别人打零工挣钱，每个月只能得到约3000元的收入。在姚先生夫妻打工的城市，整个家庭的月收入3000元基本上只够平时消费，应该属于典型的月光族家庭。然而，姚先生夫妻除了能吃苦之外，他们对自己家庭的现状十分清醒，所以即使在月收入3000元的情况下，他们也要拿出1500元去储蓄，用剩下的1500元来打理日常的生活。两个人在一个大城市，包括房租在内一个月只消费1500元，对于一般人来说这是难以想象的。随着家庭收入的慢慢增加，他们储蓄的钱也越来越多。5年之后，他们拥有了约10万元的存款。夫妻两人一商量，拿出一大部分的积蓄购买了一辆卡车，开始做起了运输的生意。慢慢地姚先生夫妻得到了更多的收益，而且还开了一家属于他们的饭馆，当他们在这个城市奋斗到20年时候，终于拥有了属于自己的房产。

第三，理财投资要冷静

对于低收入的家庭来说，由于家庭的经济状况暂时不太理想，夫妻二人想尽快得到较多的收益，让家庭成员过上好的生活，是许多人的共同心声。但是，在增加收入的过程之中一定要有一颗冷静的心，否则，就有可以出现一些意外。

邵先生是一家出租车公司的职员，每个月能得到3000元的收入，他的妻子是全职的家庭主妇。结婚5年了，夫妻两人基本没有什么积蓄。随着孩子一天天长大，家里的开支越来越大，而邵先生仍然只能拿回家3000元的收入，夫妻两人因为这个经常吵架，把家里弄得乌烟瘴气的。邵先生为了多挣一些钱，把出租车公司的工作辞了，借钱开了一家饭馆。由于邵先生在开饭馆之前，并没有对相关的行业、选址等做一个合理的规划，所以他的饭馆经营得并不顺利，不但没有得到收益，反而赔了不少，欠下了许多的债。这使得邵先生家庭的生活陷入到了更低的水平。

邵先生的家庭收入低，由于他急于改变现实的生活状态，在没有一个合理规划以及研究投资方向的时候，就贸然去开了一家饭馆。在这个过程中，他没有让自己冷静下来，找到一条真正适合自己家庭的路。

汪女士是一家服装厂的普通工人，她的月收入只有1000元。丈夫是一家公司的业务员，一个月也只能得到约2000元的收入。一个月收入3000元的家庭，对于他们所在城市来说，是属于低收入的水平。经过几年的积蓄，汪女士的家庭拥有约8万元的存款，汪女士和丈夫想去做点投资理财。两个人经过商量并做了相应的考察之后，拿出2万元的积蓄在某商场租了一个柜台，经营服装生意。汪女士辞去工作，一心经营她的服装柜台。一年之后，汪女士得到了3万元的收益，她一步一个脚印把自己的柜台做好，最后在这家商场租了好几个柜台，经营不同种类的服装。在汪女士经营服装生意的第八个年头，她的家庭就拥有了约100万元的财富。汪女士的家庭，也一下子摘掉了低收入的帽子。

汪女士的家庭从一个低收入的家庭而逐渐走上富裕。一方面，是汪女士吃苦耐劳、艰苦奋斗的结果；另一方面，也是汪女士夫妻有着冷静的心。他们根据自己家庭的实际情况，一步步地实现自己家庭的人生目标。

家庭理财的目的，只是在一定程度上使自己的家庭收入增加，其增加的额度是有限的，所以在理财的时候要把握好一个度。只要将有限的财富进行合理而有价值的分配就可以。如果一味地为了发大财而去理财，其后果是十分严重的。只有将自己的心态放正了，才能真正得到属于自己的那一份收益。

第二十八节　理财投资要降低风险

对于低收入的家庭来说，如果要进行理财投资，在具体项目的选择上一定要把握好一个原则，那就是要尽可能降低投资的风险。低收入家庭的投资，只有将风险降到最小，才能最大限度得到收益。通常情况下，降低投资的风险，可以从四个方面来把控。

第一，投资量不要过大

低收入家庭，能够用于投资的资金非常有限，所以在投资理财项目的时候，一定不要一次性投入过多的资金。要先投资一定量的资金，等各方面条件成熟了，再一步步扩大投资。如果一次性投入过多的资金，一旦有意外发生，低收入家庭可能承担不起随之而来的严重后果。

祁先生的家庭月收入只有3000元。经过三年的积蓄，他的家庭拥有3万元的收益。祁先生看到身边的同事都去投资一些理财项目，并取得一定的收益。于是，他也想去投资理财项目。这个时候，有一个朋友正在经营一个煤厂，让祁先生一起去投资。经过沟通，祁先生了解到他至少要投资5万元，才能算是煤厂的重要发起人之一。祁先生的家庭现在只有3万元的积蓄，如果去投资这个项目，还要负债2万元才可以。一旦在投资过程中有什么意外发生，祁先生的家庭无力承担这份风险。于是祁先生没有去投资煤厂，而是选择了另外的一个小项目——种植蘑菇。祁先生夫妻拿出2万元准备了种植蘑菇应需要的设备和大棚。经过两年的经营，祁先生家庭的蘑菇大棚带来了较好的收益，她的家庭也因此拥有了约10万元的收益。

对于祁先生来说，他之所以没有去投资煤厂，不是因为煤厂得不到较好的收益，而是他的家庭条件没有那样的能力去投资。5万元的投资对于他的家庭来说，是一笔数量很大的资金。

第二，投资周期不要过长

低收入家庭投资理财项目，是为了增加一点收益。在投资的时候，有限的资金不能投资周期过长的项目，以免长时间占用资金，而给家庭的生活产生不利的影响。

贝先生的家庭收入相对较低，经过了五年的积蓄，他们拥有了约2万元的收益。夫妻两人商量想去搞一点投资理财，以增加他们家庭的收入。贝先生见其他的亲戚都去投资果园，种植多种水果，有的已经取得了不错的收益。于是，贝先生拿出所有的积蓄2万元也去投资果园。投资一个果园，从果苗的培育、嫁接等做起，要三年之后才能挂果，果实成熟之后才能见到收益。贝先生家的果园，在第二个年头的时候就出现了经营困难，贝先生不得不心疼地把果园以2万元的一口价承包给了另外一家。本来是想搞一点投资理财，多得到一些收益，使自己的家庭过上富足的生活，到最后不但没有得到收益，连本钱也险些赔进去。

虽然投资果园能得到较好的收益，但是对于贝先生的家庭来说，从把资金投进去到得到收益，这之间的投资周期过长，所以不适合他的家庭投资。

第三，投资要有明确的获益点

低收入家庭，在投资理财项目的时候，要对其发展前景有一定程度的认知。对于那些未来发展方向很不明确的项目，最好不要去投资，以免较高的投资风险给家庭造成巨大的经济损失。

关先生是一家网络公司的小职员，他每个月的工资是3500元，妻子是一位全职的家庭主妇。在经过3年的积蓄之后，她的家庭拥有了约3万元的收益。夫妻两人在经过一番商量之后，决定去投资购买股票。他们先是拿出5000元去购买某种股票，结果半年下来股票一路下跌，不但没有得到收益，还赔进去不少本钱。夫妻两人在总结失败教训的时候，意识到他们对于股票的未来发展走势一点都不了解，这就使得投资潜藏着巨大的风险，赔钱是很正常的。于是，夫妻两人又经过一番考察，发现周围小区的许多住户都在为买蔬菜而发愁。关先生夫妻就拿出2万元去投资开了一家蔬菜店。从大的蔬菜批发基地批发一部分常用的蔬菜，拉到蔬菜店里去卖。一年下来，关先生的家庭竟然也得到了3万多元的收益。这对于夫妻两人来说是一种巨大的鼓舞。

投资一个理财项目，如果对这个项目的未来走势没有一个清醒的认识，那么其潜在的投资风险就很容易让投资处于失败的境地。关先生对于第一笔投资，并没有什么了解就去进行相关的投资，这使得他不能够合理地规避投资中的风险，为自己取得收益，所以第一笔投资他失败了。第二笔投资，关先生认识到开蔬菜店的未来走势，它能解决小区许多住户买菜的难题，肯定是一个抢手的营生。关先生对未来走势把握得好，就在很大程度上降低了投资风险，所以第二笔投资关先生成功了。

第四，要投资自己感兴趣的项目

低收入家庭，如果用十分有限的资金去投资某个项目，就要首先对这个项目培养起足够的个人兴趣。一旦对所要投资的项目有了足够的兴趣，你就会去了解它、研究它。时间一长，这个项目就会成为你生活的一部分，投资中的风险就会降到很低，这有利于低收入家庭的理财投资。

沙女士的家庭收入很低，经过了长达十年的积蓄之后，他们才拥有了5万元的积蓄。要去投资理财之前，她先选择适合自己家庭的。她发现养殖蝎子是一个很适合自己家庭的理财项目，它投资成本低，只要养殖技术掌握得好，是可以取得不错收益的。为了让自己家庭的蝎子养殖有一个好的收益，沙女士在投资这个项目之前，先是让自己对它产生了深厚的兴趣。不到半年，对于蝎子养殖的各方面知识和信息她都掌握得特别好。沙女士先拿出1万元去购买品种优良的种蝎，按照高标准的要求去养殖。在经过一年的辛苦经营之后，她的蝎子养殖取得了可喜的成绩，也因此为家庭带来了2万元的收益。

对于小小的蝎子，沙女士却能让它生出财富来。很重要的一点，是沙女士把投资的风险降到了最低。沙女士从兴趣入手，将各方面的知识和信息都牢牢地掌握在自己的手中，取得较好的收益也是理所当然的。

蒯女士的家在大山里，家庭的全部收入就是依靠那几亩梯田，年平均收入只有不到2万元。经过几年的奋斗，蒯女士的家中有了2万元的存款。她和丈夫商量是不是能够投资点别的项目，多得到一点收益。丈夫就提醒蒯女士："咱们山里人，要想做成好的项目，就得挑咱们有兴趣的项目，要不挣不到钱。"丈夫的这句话提醒了蒯女士。她拿出自己多年一直保留下来的民间刺绣对丈夫说："如果把这种刺绣拿到城里去卖，再打造成一个特色的品牌，这岂不是一个很好的项目？"于是，蒯女士拿出1万元的积蓄到周围的乡村去购买刺绣；而丈夫就负责把这些刺绣拿到城市里去销售。一年下来，竟然得到了5万多元的收益，这比他们好几年的收益都要大。经过几年的经营，蒯女士的刺绣已经形成了品牌，并在一定的区域内供不应求。蒯女士就把附近手工较好的乡亲都召集到自己的家里，开办了一个小小的加工点，每年10万元的收益，是他们以前想也不敢想的。

蒯女士从自己的兴趣入手，让小小的刺绣成了一个投资的好项目，不仅为她的家庭理出了财，还带动周围的乡亲摆脱了低收入的困境。

只要是投资，就会有风险，理财投资也不能例外。对于家庭投资者来说，要对自己的承受能力有一个十分清醒的认识，不能投资那些风险过高的产品。不同的家庭承受风险的能力也是不一样的。因此，投资者在投资理财产品之前，一定要根据自己家庭的现状，适度去投资和自己承受能力相适应的产品。

第二十九节　找寻适合的项目增加收入

低收入的家庭，要想改变暂时的生活困境，就要想办法增加收入。对于有限的家庭积蓄来说，投资收益有保障的理财项目是最佳的选择。由于低收入家庭承担投资风险的能力较弱，所以在投资理财项目的时候，一定要注意以下三个要点。

要点之一：多选择实业投资项目

低收入家庭，选择投资项目的时候，要尽可能选择风险低的项目，千万不要为了高额的利润而去做不切实际的投资。在同等风险的情况下，低收入家庭最好去投资实业。因为进入物质资料的生产和流通领域之后，有一定的产品做基础，即使有意外发生，也能弥补一部分损失。如果去投资股票等非实业项目，一旦有风险，家庭投资者的损失是无法弥补的。

张女士是一个餐厅的服务员，一个月的收入只有800元。丈夫是一家企业的销售人员，一个月的工资也只有2000元。对于一个月收入只有2800元的家庭来说，其困难的程度可想而知。但是，张女士却是一个很会持家的妻子，她每个月先是存上1000元的储蓄，再用剩下的钱去维持家里的生活。三年之后，张女士的家庭有了3万元的储蓄。夫妻两人商量要去做一点理财投资的项目，经过综合考虑自己家庭的实际情况，两个人决定回到老家去做种植业方向的投资。于是，张女士夫妻离开了他们奋斗了三年的城市，回到了乡村。他们用仅有的3万元投资种上了几亩大棚蔬菜。一年之后，张女士的家庭拥有了约10万元的收入。夫妻两人以10万元为基础，又经过三年的奋斗，张女士家的大棚蔬菜，不仅满足了当地的反季节需求，还远销到了他们曾经奋斗过的城市。当张女士夫妻的家庭年收入达到50万元，开着自己家的私人汽车往城市里送特种蔬菜的时候，他们终于提升了家庭的生活水平，不再是低收入阶层。

秦女士夫妻原本生活在农村，由于家庭遭遇变故，他们不得不到城市里去找寻出路。刚开始奋斗的时候，他们两个人一个月只能得到2000元的收益。这么少的收入，对她们来说，生计都成问题。在经历了一年的艰苦生活之后，秦女士的家庭有了近1万元的积蓄。夫妻两人商量，想用这1万元去做点投资理财。但是，区区1万元在这个喧嚣的城市，什么样的项目才适合他们做呢？经过一段时间的考察之后，秦女士发现在人群聚焦的地方，卖煎饼是一个很不错的营生。卖煎饼投资成本少，只要自己的煎饼好吃又实惠，还是能取得十分好的经济效益的。于是，夫妻两人租了一间小的门面，用1万元为资本，开始了他们的理财投资之路。让秦女士夫妻没有想到的是，这小小的煎饼一个月竟然也能为她的家庭带来5000元的月收入。接下来，秦女士和丈夫开始扩展营业的范围，不光卖煎饼，逐渐粥、面、菜等也成为她们小店的业务。又有谁能够想到，曾经的月收入只有2000元的夫妻两人，在她们奋斗到第五年的时候，竟然也有了一个月1万元的收益。

要点之二：不做能力之外的投资

对于低收入的家庭来说，当有了一笔积蓄之后，投资适合自己家庭的项目可以使自己家庭的财富实现增值。但是，投资之前要认清自己家庭的投资能力，凡是超过自己家庭能力的投资，千万不能勉为其难。否则，势必会对自己的家庭产生不利的影响。

风先生夫妻两人都是普通的打工一族，整个家庭的月收入仅3000元，这在繁华的大都市里是处于较低收入的阶层。经过三年艰苦的生活，他们家庭拥有了约3万元的收益，于是，夫妻两人计划去投资一个理财项目，以改变现在的生活现状。风先生看到许多的人炒股票赚了钱，他就想去投资股票。妻子不同意风先生的想法，投资股票风险很大，一不小心就会赔钱，况且对于股票他们没有相关的知识储备和驾驭能力。心急的风先生，一心认准了要去投资股票。妻子实在说服不了他，就拿出5000元钱的积蓄让风先生去投资股票，结果不到半年，风先生自己就从股票的投资中撤了出来。拿着手中剩下的3000元钱，风先生这时候才意识到自己的家庭风险承受能力很有限，没有投资股票的能力，还好没有全部赔进去。经过了一段时间的纠结和痛苦，夫妻两人终于达成共识，决定去投资开一家餐馆。几年之后，风先生家庭的生活又上了一个新的台阶。

于女士的家庭是普通的农民家庭，每年的收入全部来自于那几亩水浇地。当她的家庭拥有了约5万元的积蓄之后，于女士就盘算着去做点投资理财，以使得家庭的收益得到增加。一天，时女士看到电视上有关于养殖鳄鱼的宣传片，就想去投资养殖鳄鱼。丈夫阻止了于女士，养殖鳄鱼无论是投资成本还是技术，都不是他的家庭现在的能力所能承受得住的。在经过夫妻认真的考察之后，决定开办一家小的养鸡厂，先期投资2万元。经过一年的发展，于女士家的养鸡厂已经具备了一定的产蛋能力。在取得了一些收益之后，于女士又扩大了蛋鸡的养殖规模。在取得了当地鸡蛋第一供应商的名号之后，于女士养鸡厂的鸡蛋开始向外地辐射销售。不到五年，于女士的家庭不仅拥有了自己的汽车，还盖起来三层的小洋楼。如果当初于女士不慎重考虑自己家庭的投资能力，而去养殖鳄鱼，其结果可想而知。

要点之三：建立起个人的投资体系

低收入家庭去投资相关的实业，不管是哪一种项目，只要能形成个人的投资体系，让生产出来的产品能够顺利地销售出去，并得到一个好的收益，投资理财就取得了成功。

钱先生夫妻是实实在在的农民，每年的收益都十分有限，除了满足家庭的日用消费之后，基本没有什么储蓄。结婚五年，夫妻两人也只积蓄了3万元的收益。在一次外出卖水果的时候，钱先生意外发现，有一种酸苹果非常好卖，而且其价格能超出普通苹果的好几倍。于是，钱先生就对这种苹果做了一个详细的了解。之后，夫妻决定先投资1万元在自己家的果园里尝试种植这种苹果。当酸苹果挂上果实之后，钱先生到市场上去打听这种酸苹果的行情，让他吃惊的是，许多的水果商都想一次性全部收购钱先生的酸苹果，而且是直接到果园去收购。这让钱先生很高兴，他决定投资5万元扩大种植的面积，并采用了一些新的种植技术，让苹果的质量更上一个台阶。当苹果成熟的时候，水果商就到钱先生的果园里去收购，这让周围的乡亲们十分吃惊。没过几年，钱先生的家庭就过上了富足的生活。

霍先生的家在僻远的西部地区，为了生计夫妻两人来到大城市打工。两个人月收入3000元的水平，在某大城市打工三年，仅仅积蓄了3万元的收益。于是，夫妻两人决定回到家乡，用这3万元去做一点理财投资的营生。在经过一番考察之后，他们从一些专家的口中得到证实，未来国家将在他们的家乡规划一大片葡萄种植园，有关的责任部门已经和一些企业签订了协议，定期去收购新出产的葡萄，并在条件成熟的情况下在周围建立配套的加工厂。夫妻两人得到这个消息之后，先期投资2万元，后又申请了一部分专项的贷款资金，把他们的葡萄种植园建了起来。三年之后，他们家的葡萄园已经初具规模，每当葡萄成熟的时候，就会有企业到园里去收购。不久，葡萄园的周围建立起相关的加工厂。霍先生夫妻的家庭也告别了低收入，过上了富足幸福的生活。

对于家庭投资者来说，特别容易犯的一个错误就是和其他的家庭盲目进行攀比。对于不同的家庭来说，可以去投资不同的理财产品。如果家庭有一定的闲散资金，就可以去投资股票等高风险的理财产品，这样可以得到高一点的回报。但是，如果家庭的资金很有限，就不要去选择高风险的产品，选择低风险的产品也是不错的。

第七章

新婚家庭怎样去理财

　　对于新婚家庭来说，夫妻双方都十分年轻，在理财方面没有太多的经验，所以对于有限的家庭财富要做好积蓄。在积蓄财富的过程中，除了日常生活必要的消费项目之外，要尽量减少不必要的开支，尤其是奢侈消费品和一些所谓的虚荣消费。

第三十节　奢侈消费要慎重

　　一般来说，在子女结婚的时候，中国家庭都会收到亲戚朋友或者家庭自己送来的份子钱，多的有上百万元少的也有几万元。新婚家庭刚开始起步的阶段，由于许多的财富并不是自己创造的，所以新婚家庭一定要做好相关的投资理财工作，防止家庭刚积累起来的财富在短期内被消费一空。新婚家庭在理财的过程中，一定注意三个方面的事项。

事项之一：和奢侈的婚礼说再见

　　从我国法律的角度来讲，只要男女双方在民政部门登记结婚，领到结婚证后就是合法的夫妻。但是，由于我国文化传统对于婚礼的场面要求，再加上许多年轻夫妻有和别人比排场的心理，导致许多年轻夫妇举办了场面宏大的婚礼，甚至有的动用上百辆汽车，堪比外国领导人来华访问。对于刚走上婚姻道路的年轻夫妇来说，其实大可不必举办太过奢侈的婚礼，如果把有限的财富积蓄起来，就可以用在许多更有价值的事情上。

　　小梅和小林是新婚的夫妇，由于两人都十分重视婚礼当天的隆重场面，所以他们在婚礼举行的当天，将所有认识的人都请过来，租了5辆大巴车，拉着所有的亲戚朋友到市里最好的饭馆去用餐。小梅还让小林租用20多辆跑车，绕着整个市区转了9个圈，象征爱我久久，才算心满意足。当婚礼结束以后，这一对新婚夫妇把所有的账目一合，整个家庭只剩1万元。婚礼的费用竟然高达15万元。夫妇两个不得不再重新规划他们的人生起点。

小明和小米两个人打算结婚了，小明的父母为小明买了一套房子和一辆名牌汽车，小米的父母为小米置办了一应的家具和首饰。两个人认为，婚礼办得热闹、有纪念意义就好，不要过于铺张浪费，一应事项都要从简。在举办婚礼的那天，小明开着用红花和彩球装饰好的小汽车把新娘接到人民广场，参加市里举行的集体婚礼。婚礼之后，小明和小米在一家有品味的宾馆招待亲戚朋友。晚上小两口合算账目，整个婚礼总共才支出2万元，但是彩礼的收益就有12万元之多。再加上双方父母赠送的20万元，新婚夫妇已经拥有30万元的收益。看着这30万元的家庭财富，两个人又开始规划以后的现实人生。小明和小米将婚礼办得既体面又节俭，为以后的人生创业多留下一笔财富，这充分体现了他们投资理财的意识。而且在婚礼理财方面，她们也有着自己的合理规划。

事项之二：度蜜月不要过于高雅

新婚夫妇都会去度蜜月，蜜月生活是男女双方最幸福也是最值得怀念的日子。在这一段时间，适当过几天高雅的生活，也符合家庭投资理财的目的。但是，如果蜜月过得太过高雅，让新婚的财富疯狂消费掉，是大可不必的。

小计和小伏结婚了，在举办了一场盛大的婚礼之后，两个人又开始了属于他们的蜜月之旅。两个人从国内某机场出发，他们要度过一个环球的旅行蜜月。每到一个地方，他们就住进高档的宾馆，把当地特色的小吃全部吃上一遍，还购买了许多带有民族风情的产品。一年以后，他们的蜜月之旅结束。当他们总结这一路的消费时，却惊人地发现，这一路竟然把家里所有的财富都消费光了。婚礼的当天晚上，他们还拥有2000多万元的财富，可是蜜月回来之后，他们的家庭账户上已经没有了钱。双方父母得知两个环球旅行去度蜜月的事情之后，也不再给他们提供经济援助。两个人只能从零开始，重新面对现实而又残酷的生活。

小钟和小徐是大学同学，两人已经恋爱了四年。大学毕业之后，经过两年的奋斗，上个月终于结婚了。拿到结婚证书的时候，两个人计划到世界各地去旅游，度过一个有意义的蜜月。小钟和小徐手中只有5万元的积蓄，不像其他环球旅行夫妻那样可以度过一个逍遥的蜜月。两个人通过3年的长途跋涉，只用了1万元的蜜月旅行费用。在所到过的国家或者地区，小钟和小徐就充分了解当地的风土人情，并在当地人的一些企业或者机构工作以便及时补充经济的空缺。每一个地区的感悟和经历，他们都记录下来。当他们回国的时候，除去消费的1万元旅行费用之外，竟然还积蓄了一部分不小的财富。小钟和小徐的蜜月旅行，被许多的媒体所关注，两个人一下子成了名人：到各大的电视台去做节目，到相关的机构去座谈，出版相关的游记和笔记。不到一年，夫妻两人就拥有了100多万元的收益。小钟和小徐的环球蜜月，虽然过得不高雅，但是却为他们积累了一笔巨大的家庭财富。这一笔财富，不仅表现在100万元的金钱上，更是一笔挑战人生的精神财富。

事项之三：不过度购买奢侈品

新婚夫妇都想购买一些上档次的物品，让人生中最值得纪念的一段时光再多添加一些色彩。在消费的时候，上档次和奢侈其实不是一回事。有的新婚夫妇把购买奢侈品当成一种高档的物品，这是一种消费的误区。过度购买奢侈品，会给家庭的消费观念产生负面的影响。当踏上这一趟奢侈的列车之后，在未来很长一段时间内，都有可能会对家庭的生活造成不利的影响，甚至整个家庭都要为之付出代价。

熊女士刚结婚不久，丈夫有一家自己的公司，每年有1000多万元的收益。熊女士不用上班，每天都过着富足而又奢侈的生活。她看到别的老板太太都用着奢侈的衣服和鞋子，她也去购买，买一双鞋要1万多元，一身衣服要5万多元，一个女士包要15万元。闲着没事，熊女士就出去购物，而且奢侈品消费的额度越来越高，渐渐走向了一个无底的深渊。从每个月消费10万元到20万元，最后每个月消费将近100万元。丈夫看着熊女士的奢侈品消费太不像样了，就劝她不要再购买太多的奢侈品。而熊女士已经被奢侈的生活所腐化，一点回头的意思都没有。几年以后，丈夫的公司破产，熊女士再也过不上奢侈的生活，就和丈夫离婚，想去找一个更有钱的男人。但是，熊女士这一次却没有达到自己的目的，她一路沉沦到社会的最底层，过着痛苦的生活。本来一个年收入1000万元的家庭，就这样一步步地毁灭在过度的奢侈品消费上。

刁女士和丈夫结婚不到一个月，她们就开了一家属于自己的公司，每个月能得到约5万元的收益。随着公司的业绩一路上升，刁女士的家庭得到的收益也越来越多，这给他们的新婚生活带来了无限的乐趣和幸福。正因为家里的收入在这么短的时间内增长很快，刁女士开始按照自己的主观意愿去购买奢侈品，高档的衣服、化妆品，前几天买了一个女士包竟然消费了15万元。一个月之后，丈夫发现了刁女士的行为，就劝她不要再去购买过多的奢侈品，买几件满足一下自己的虚荣心就行了，人的欲望是无法满足的，不能太过了，要适可而止。刁女士心中十分不高兴，和丈夫吵架，一气之下回到了娘家。父母在得知了女儿和女婿吵架的原因后，都责备她做得不对。开个公司挣点钱没有想象中的那么容易，买个包就花15万元，真是太不应该了。对于父母的劝说，刁女士一点也听不进去，觉得父母不和自己站在同一条战线上，就摔门而去。就在这一天丈夫的公司出现了重大事故，被有关部门查封。家里的房产和车被查封，拍卖后用于偿还事故的赔偿。当刁女士准备回家，再一次大骂丈夫没有本事，无法满足自己的消费需求时，她却无家可归。无奈之下，她只好再次回娘家。父亲因为女儿的事一气之下病倒，住进了医院。当医院要刁女士交10万元手术费时，她摸了摸肩上挎着的女士包，狠狠地抽了自己一个耳光。

在当下的社会环境下，大量的奢侈品充斥着我们日常的生活。许多人，以购买昂贵的商品作为一种幸福的标准。当然，对于那些经济条件很宽裕的家庭来说，一万元买一套衣服并没有什么问题。但是，对于普通的家庭来说，一定不要去购买奢侈品，否则整个家庭就会背上一个重壳，一旦有任何的风吹草动，就有分散的危险。

第三十一节　做好家庭财富积累

对于新婚的夫妇来说，除了要以一种良好的心态去面对新的人生之外，还要做好新家庭的理财之路。最基础也是最重要的一点，就是要做好财富的积累。新婚的家庭，只有做好财富的积累，才能为下一步的理财投资提供一个良好的平台。新婚夫妇在家庭财富的积累过程中，要树立四种观念，并一步步去落实。

观念之一：要制定适合的积累计划

虽然都是新婚，由于不同的地域和家庭背景，其所拥有的财富基础是不一样的。所以，在结婚之前就要先制定一个适合自己未来家庭的财富积累计划。

　　小向和小古都是富家子弟，当两个人要计划结婚的时候，双方的家长都赠送了他们一笔巨额的财富。除了豪宅和跑车之外，他们还得到了2000万元的现金，还有公司股票以及其他高档的家具和首饰。小向和小古虽然是富二代，但是他们和那些炫富的富二代不一样。两个人十分懂得理财，在结婚之前就制定了一个适合他们的财富积累计划。对于双方家长赠送的那一笔钱和股票以及亲戚朋友送的份子钱等，除了用于创业之外，两个人都没有动用。日常的生活开支和其他消费，要从当月的收入中支取，要想消费水平上一个台阶，就要动手去多创造财富。小向和小古这样做，是把眼光放到整个人生规划之中，而不是仅仅只图一时的愉悦与欢乐。举行婚礼的当天，小向和小古并没有举行隆重的婚礼，而是在一个教堂举办了一个仪式，然后到一家宾馆宴请亲戚朋友。亲戚朋友送的份子钱，两个人都存了下来，当天就得到了约5000万元的收益。对于一对刚结婚就拥有5000万现金和固定房产、汽车的富二代来说，小向和小古并没有被这一切所束缚，而是走在了财富积累的道路上。

观念之二：做好新婚财富积累的第一步

　　对于新婚的夫妇来说，其理财的关键点就是做好财富积累的第一步，也就是刚成立家庭的第一桶金。第一步迈得好与不好，直接影响到整个家庭在未来很长一段时间的财富状况。如果新婚家庭的第一桶金是10万元，那么夫妻两人就可以以10万元为基础来规划以后的生活和理财方向。如果新婚家庭的财富积累是零，那么他们将要面对残酷的现实人生。

　　小丁和小宣是一对新婚的年轻夫妇，对于他们两个人来说，许多的朋友和同事都不知道他们已经结婚的事实。因为小丁和小宣仅仅是到民政局登记结婚。领了结婚证之后，在民政局举办了一个小小的婚礼，他们没有宴请宾朋。小丁和小宣是彻底的裸婚，双方的家庭都没有为他们提供任何的经济支援，他们所能做的就是自己为新成立的家庭积累起第一笔的财富。两个人生活在一套出租的房屋里，在经历了一年的奋斗之后，他们拥有了约5万元的财富积累，这5万元为他们以后的投资理财道路打下了一个坚实的基础。虽然对于有的家庭来说，5万元实在是算不上什么财富。但是，从零到5万元的小丁和小宣的家庭，也确实做好了财富积累的第一步。

观念之三：要树立一种"抠门"的观念

新婚的夫妇，即使有一部分财富，不管是父母赠送的，还是自己积蓄的，都是十分有限的一部分资金。在日常生活中，一定要有一种积蓄财富的意识，甚至于要用一种"抠门"的观念来指导日常的财富积累。

小闻和小党是一对结婚不久的夫妇，结婚的时候夫妻就已经拥有了约1000万元的财富。但是，两个人婚后的生活，并不像其他的人富二代一样奢侈。平时吃饭都要回家做好了再吃，从来不去到大的饭馆，衣服也到专门的服装店去淘一些便宜的。如果不是了解他们的人，根本看不出来他们是已经拥有上千万财富的年轻夫妻。小闻和小党平时很少开车出门，只有到了特殊的事情或者必须要开车出门的时候，他们才会开车出门。两个人近乎吝啬的抠门举动，让父母也有些不理解。但是，小闻和小党却有着自己的打算，他们打算开一家大的电子科技公司，需要约500万元的投资，后续还要有投资。夫妻两人，对于投资以外的支出都不计算在这1000万元的财富之内，只有当月挣下来的钱，才能用于日用品消费。几年之后，当和他们同时结婚的夫妻将父母给予的财富消费得差不多、快要陷入困境的时候，小闻和小党的公司却以每年1000万元的收益，让他们的财富实现了快速的增值。

观念之四：财富积累要无孔不入

新婚的夫妇在积累财富的时候，不要一味地看中大宗的财富积累，对于每一笔财富都要做好积累，即使它的数额非常小。这不仅能养成一种十分好的财富积累习惯，还能增加家庭的财富数量。

小单和小包在结婚的时候，他们所有的家庭财富就只有2万元。结婚以后，夫妻两人一方面努力奋斗，尽可能多挣钱；另一方面，把紧手中的钱袋子，把能积累起来的财富尽可能多地去积累。小单每个月的工资是3000元，小包每个月的工资是5000元。每个月他们都会往银行的固定账户上存入4500元钱，然后用余下的钱去打理日常的生活。在日常生活中，凡是那些能不消费的支出，他们就不消费。甚至一个夏天吃几块雪糕都要有一个限制，多一块也不行。这种无孔不入的财富积累观念，使得小夫妻两人的积蓄急速地增长起来。3年之后，小单和小包的家庭就拥有约20万元的财富积累，这让周围的朋友十分惊讶。连双方的父母也觉得不可思议，这两个孩子三年就拥有了20万元的财富。其实，道理很简单。当别的年轻人去下馆子的时候，他们正在菜市场购买便宜的蔬菜；当别的年轻人去买高档的衣服和化妆品的时候，他们正在挑选价格适当的衣服和化妆品……对于财富积累来说，就应该无孔不入，能积累起来的坚决不消费掉。

对于新组建的家庭来说，不管你的财富基础是厚是薄，都要做好财富的积累工作。如果不重视财富的积累，即使有一个金山，也有吃空的时候。只要重视财富的积累，把创造的财富尽可能多地积累起来，即使原来的基础是零，一定时期之后家庭必将拥有一笔不错的财富。

小万和小宗是裸婚，就像当下许多的年轻人一样。两个人大学毕业以后，一方面要面临工作的压力；另一方面，也到了成家立业的年龄。在奋斗了两年之后，两个人结婚了。新家庭刚成立的时候，他们只拥有5000元的积蓄。对一个新成立的家庭来说，要经受住现实的残酷考验，才能真正守护住两个人的爱情誓言。小万和小宗清醒地认识到这一点，所以他们一方面扩大家庭的收入，尽可能拓宽自己的经济来源；另一方面，尽可能压缩开支，多积累一些财富。即使是在一个月只有2000元收入的情况下，他们也要拿出一部分来积蓄，用剩下的部分去打理日常的生活。3年之后，小万和小宗的家庭竟然拥有了3万元的财富积累。小夫妻两人以3万元的财富积累为一个新的起点，又过三年之后他们的家庭拥有了12万元的财富。在进行了一系列的投资理财之后，小夫妻的生活就又上了一个台阶。不仅拥有了自己的房子，而且还有了他们爱情的结晶，一个新的生命诞生了。

财富的积累是一个一步一步积累的过程，它不是能够一步到位的。只有重视日常生活中的每一分钱，才能理出更多的财富。一般人容易犯的错误，认为一块两块不是钱，几万元十几万元的才是钱。但是，往往到了最后，小钱没有存下来，大钱也没有赚到。所以，一定要把控自己的家庭财富，一点一点地去积累。几年之后，一定会拥有属于自己家庭的财富。

第三十二节　建立健康保障体系

对于新成立的家庭来说，除了要做好财富的积累，还要做好相应的财富支出。财富积累的直接目的是为了使得财富增值，而增值的目的是为了让家庭过上幸福的生活。幸福生活的重要保障就是身体的健康，所以为健康而消费部分财富是必要的支出。这一部分财富的消费，就把握好几个方向，这样才可以做到让有限的财富最大程度的发挥作用。

消费方向之一：日常生活中，保持夫妻身体健康

新婚夫妇从开始积累财富的那一天起就要有一种意识，那就是让夫妻双方的身体保持在一种健康的状态。因为在奋斗的几年里，许多时候二人都是在忙忙碌碌中度过的，如果不注意身体的健康，一旦落下什么大的病根，将会对家庭以后的发展产生非常不利的影响。对于有条件的家庭，一定要定期到医院做体检，发现问题及时处理解决；对于那些条件不具备的家庭，当身体出现不适应的症状时，一定要及时就医，并将病症彻底的治愈，以免留下隐患。

小宋和小谈是一对新婚的夫妇，由于两个人工作都比较忙，所以每隔半年就去到医院做一次体检。常规的体检也就几百元钱，如果查出有什么常见的疾病就赶紧治疗，让身体彻底治愈。每年消费2000多元，让自己彻底告别健康隐患，以便把所有的时间和精力都扑到家庭的财富积累上。3年之后，他们就拥有了约10万元的财富。

小雷和小贺结婚之后，就为了自己的家庭去努力奋斗。平时都没有时间好好休息，更没有时间到医院去做体检。有一次，小雷突然发起了低烧，一连住了半个月的院才退烧。这一次生病，消费了家庭1万元的积蓄。和一次几百元的体检费用相比，这1万元确实不是一笔小的数目。身体刚好一些，小雷就投入到工作当中。悲剧就在10年以后发生了，这一次的低烧是由于病毒感染引起的复发症状，这是病毒第二次发作，症状和第一次一样低烧不退，只是更加严重。这次雷先生就没有上次那么

幸运，抛下了年轻的妻子和刚上小学的儿子。虽然家庭中有百万元的财富，但是雷先生生却永远离开了人世。

消费方向之二：购买保险预防重大疾病

俗话说得好："天有不测风云，人有旦夕祸福。"谁也不能保证这一生都不会患上任何重大的疾病。对于新婚夫妇来说，一定要充分重视起这个问题。根据自己家庭的实际经济能力，购买相关的重大疾病保险。千万不能怀着一种侥幸或者不吉利等心态，否则一旦发生重大疾病，很有可能使整个家庭陷入一种混乱与无序之中，甚至面临破产。

小元和小卜结婚不久，家庭除了有2万元的存款之外，就是两个人每个月5000元的工资了。小元和小卜经过商量，购买了两份医疗保险，他们这样做是为了给自己家庭未来的生活提供一个良好的身体保障，预防意外情况的发生。身边有的朋友，就觉得小元和小卜这么做有点杞人忧天。他们认为年纪轻轻的不会有什么大病，买医疗保险是多余的。而小元夫妇并没有把别人的话放在心上。由于小元天天在电脑前工作，一次小元突然患上了眼疾，住院半个月接受治疗。出院后休息了一个来月才去上班。还好他有一份医疗保险，给他报销了约5000元的费用。这让小元的家庭很轻松地度过了这一次意外。

消费方向之三：怀孕及产子的支出提前准备

对于新婚的年轻夫妇来说，用不了几年，他们都会面临怀孕生子这一件人生的大事。由于在怀孕及生产期间需要一定的资金，所以一定要提前将这一部分资金准备好。这部分资金是专门的消费支出项目，不能够挪做别的用处，以免临时再着急去筹措。

小卞和小齐结婚之后，家庭有了5万元的积蓄。当小齐要打算怀孕生子的时候，丈夫小卞就为她准备了2万元的怀孕专项资金。怀孕以后，每次去医院建档做检查的费用都从专项资金里支出。怀孕期间需要吃的用的，小卞都为小齐打理好。几年之后，家庭中又诞生了一个新的成员，而且母子平安。这对于小卞和小齐来说是最大的幸福和安慰。

消费方向之四：宝宝健康成长所需资金

当一个新成立的家庭有了一个宝宝之后，经济上将会有一笔巨大的开支。这一笔开支是必须要消费的，这是为了给宝宝健康成长提供一个强有力的经济保障。这一部分资金包括日常开销和应急支出两个方面。日开销主要是日常的吃穿用住等，应急支出主要是指宝宝看病等。

小纪马上要做爸爸了，他心里非常高兴，为宝宝准备了1万元的日常开销以及1万元的应急支出。小祝对于丈夫的行动很支持，对于宝宝健康成长所需要的资金，要尽可能准备充分一些，让资金剩余一部分，不能让它出现短缺。虽然家庭的全部积蓄只有3万元，但是对于宝宝的健康支出还是值得肯定的。宝宝出生以后，小纪一边上班，一边照顾家。还经常向宝宝健康投资中再注入新的资金，以保证这部分资金的长期备用。

对于一个新成立的家庭来说，把握好健康的方向只是第一步。更重要的是建立适合的健康保障体系，这个体系是很重要。不同的家庭，可以根据各自的收入状况制定出不同的健康标准和体系。对于收入较高的家庭来说，可以制定出定期的投资标准和投资项目，以使得自己家人的身体在最大程度上得到健康的保障。对于收入相对较低的家庭，也应该高度重视健康保障投资，最基本的治疗保障一定要有。

　　小东和小欧结婚时就拥有1000多万元的财富基础。对于这一笔财富，小欧计划将这一笔财富作为积蓄存起来，以备日后投资理财之用；而小东却计划拿出10万元专门为自己和老公建立一套家庭健康保障体系，这样就可以放心做自己的事，为家庭创造更多的财富。最后，小东的计划获得了通过。先是拿出1万元购买了几件健身器材放在家里的客厅，每天两个人都要锻炼身体。而后，又支出2万元为两个人购买了两份健康保险，当有重大的病症时可以得到一定数目的医疗补偿。每半年，两个人就要到正规的医院去做一次体检，如果有什么病症，就马上采取相应的治疗措施，直到病症被彻底根治，才放手去做其他的事情。每当景色不错的时节，小东就会和小欧一起去旅游，放松一下心情，让忙碌的身心有一个休养的时间，把身心调整到一个最佳状态的时候再去工作。3年之后，他们家庭的财富，就从结婚之时的1000万元，增值到了3000万元。相比之下，为健康体系投资的那一部分资金，真的是十分值得。

　　小东和小欧的健康保障体系，项目虽然有一点儿多，但是就其家庭财富基础来说，他们具有这样的能力。而且，当这一部分资金支出花费以后，他们的家庭得到了健康的保障。他们没有了健康的后顾之忧，认真去工作才能为家庭创造更多的财富。他们家庭三年之后的财富增值也在很大程度上证明了，家庭健康保障体系是家庭中必要的支出项目。虽然对于不同的家庭来说，可能其具体的标准和水平不一样。

第三十三节　投资理财要采用正确的方法

对于新成立的家庭来说，一旦积累起了一定的财富，就可以开始进行相应项目的投资理财。在投资理财的过程中，不管去投资什么样的项目，都要采取正确的投资方法，不能只是一味地投资。对于不同的家庭，可以采用不同的投资方法。对于新婚家庭投资理财来说，一般有四种投资理财的方法。不同的家庭可以采用其中某一种，或者几种同时采用。

方法之一：递进式投资理财

所谓的递进式投资理财，就是让家庭的财富一步一步地实现增值。这种投资理财方式，主要适用于低收入的新婚家庭。当一个家庭成立之初，没有大笔的财富，所以在投资理财的时候就要采取一种稳重的增值方式，以尽可能使每一笔投资都有收益。而后，逐步实现家庭财富的整体增值。

小宋和小庞是一对新婚夫妇，结婚的时候整个家庭的财富也就2万元。由于家庭的经济基础很有限，一年之后，当他们要进行投资理财的时候，也只有3万元的财富积累。小宋和小庞清醒地认识到这一点，在进行投资理财的时候，他们采用递进式投资理财的方法，让自己家庭的财富一步一步地实现增值。他们先是拿出2万元投资了一个小的实业项目，一年之后得到了2万元的收益，这一年年底他们的家庭已经拥有了5万元的积蓄。第二年，夫妻两人以5万元为一个新的起点，又去投资理财项目。两年后，小宋和小宠的家庭已经拥有了20万元的积蓄。夫妻两人在每一个节点上，都根据自己家庭的实际情况投资与之相适应的理财项目。结婚十年之后，他们的家庭拥有了约80万元的积蓄。从2万元到80万元，这十年的时间，小宋和小庞就是采用递进式投资理财方法，让自己的家庭一步一步地过上富裕的生活。

方法之二：化整为零投资法

所谓的化整为零投资法，就是把家庭的财富分成若干的份额，每一份额都去投资不同的项目。这样做的目的是可以最大程度地减轻投资的风险，实现一种整体上的财富增值。这种投资理财方式，主要是中等以下收入的家庭采用的。在投资理财过程中，即使某个项目或者某几个项目遇到投资风险，没有得到良好的收益，还有其他项目的收益可以弥补。

小高和小夏结婚的时候，双方父母共给予了他们30万元的财富作为两个人成家立业的本钱。再加上两个人的积蓄，结婚两年后，他们就已经拥有40万元的家庭积蓄。对于这有限的40万元积蓄，两个人商量着要去做一些投资理财。为了合理规避投资理财所带来的风险，夫妻两人决定采用化整为零的投资方法。把40万元分成四份，分别去投资不同的项目，两个人每一个人盯紧两个项目。一年之后，投资的四个项目中，有两个业绩不佳，而另两个业绩很好。总的计算下来，他们的家庭得到了约20万元的收益，再加上两个人的工资，竟然也拥有了70多万元的家庭积蓄。小高和小夏采用这种化整为零的投资方法，3年之后，他们的家庭就拥有了100万元的收益。从结婚时候的30万元到3年之后的100万元，夫妻两人的投资理财，让他们家庭的经济状况有了一个很大的改观。

方法之三：跨越式投资理财

所谓的跨越式投资理财法，就是让家庭的财富一次上升好几个台阶，实现财富的阶段性增值。这种阶段性增值，一般其增值的数额相对来说较大。这种投资理财方式，主要是中等收入以及中等以上收入的家庭采用。由于其增值的额度比较大，所以投资的风险也较高。

小蓝和小闵两个人都是富二代，结婚的时候双方父母除了赠送房产、汽车等实物之外，还赠送了2000万元的财富，作为成家立业的基础。为了让新成立的家庭尽快拥有更多的财富，小夫妻商量决定去做一项大的投资理财项目。在经过商量之后，两个人决定采用跨越式的投资理财方法，五年之后要拥有一个亿的财富。在这之后的五年里，夫妻两人投资了一个大的项目，把所有能力和社会关系都运用起来。到了第五个年头，他们如愿以偿地拥有了理想中的一个亿的财富。小蓝和小闵因为有一笔强大的财富做基础，所以他们可以采用这种跨越式的投资理财方法。在承担了巨大的投资风险之后，他们实现了投资理财的目标。

方法之四：滚动式投资理财

滚动式投资理财法，就是让家庭中财富像滚雪球一样在整个的投资过程中一直处于增值的状态，而且整体提升幅度较大。滚动式投资理财方式，主要是高收入家庭采用。

小卢和小莫是一对新婚夫妇，他们刚成立家庭的时候，就拥有约2000万元的财富。为了让父母给的这一笔财富尽快开花结果，两个人去经营相关的投资理财项目。他们采用滚动式的投资理财方法，计划未来

的五年使自己家庭的财富突破7亿元。在一般人看来，这是一个很难实现的目标，虽然他们现在的家庭已经拥有2000万元的财富。夫妻两人，以原有的2000万元财富为基础，开始了他们的投资理财之路。他们第一年的目标是达到4000万元，在经过一番努力之后，他们达到了目标。第二年，夫妻两人又去投资其他的项目，财富积累达到了8000万元。三年之后，财富达到了1.4亿元。四年之后，财富达到了3.5亿元。五年之后，这一对小夫妻的投资理财目标实现了，他们的家庭拥有了7亿元的财富。从最初的2000万元到五年之后的7亿元，两个年轻人在这个历程之中发挥出了自己的聪明才智。这种滚动式的投资理财方法，可以让整个家庭的财富像滚雪球一样几十倍、几百倍的增长。

对于常用的几种投资理财方法，如果综合起来运用，效果会更佳。它可以让一个家庭在不长的时间内，从低收入的阶层达到高收入家庭的水平。

小叶和小司是裸婚一族，他们在结婚的时候家里没有任何的财富。这与那些富二代的结婚基础相比，实在是天与地的差别。从新的家庭成立的那一天起，两个人就规划好了未来的人生。在结婚后第一个十年，要从现在的低收入家庭发展为中等收入家庭，每年的积蓄要达到20万元以上；第二个十年，在第一个十年的基础上，让家庭的财富上升到一个更高的水平，每年的积蓄要达到100万元以上。第三个十年，要让自己家庭的财富以几十倍、几百倍的速度增长。

在婚后的第一个十年里，小叶和小司两个人采用递进式的理财方法，让家庭的财富从零开始，5000、1万、2万……十年之后，他的家庭拥有了约30万元的收益。在第二个十年里，他们采用跨越式投资理财的方法，让家庭的财富积累从30万元增长到500万元。在第三个十年里，他们采用滚动式的投资理财方法，到他们结婚三十年的时候，他们的家庭已经拥有了1亿元以上的财富。对于小叶和小司的投资理财来说，他们在不同的时期分别采用不同的适合自己家庭的投资理财方法。一个从零开始的家庭，三十年后会拥有1亿元以上的财富，这不仅仅是一个神话，更是一种创造现实的能力。

对于新成立的家庭来说，只要能根据自己的现实状况做好相应的理财规划，把握好家庭收入与家庭消费之间的关系，不让家庭的财富被挥霍干净，当有了一定的财富积累之后，运用适合的投资理财方法改变家庭的现状是可以实现的。

第八章
单亲家庭怎样去理财

　　对于单亲家庭来说，要让家庭有一定数额的财富积蓄，就是管理好手中的财富。这是一个很重要的基础，不管家庭的收入是高还是低。如果要进行相关的投资理财，就要把握好增值和风险的关系。增值要始终放在第一位，宁可少得收益，也不能冒太大的投资风险。

第三十四节　高风险的项目不投资

　　由于单亲家庭存在着特殊性，在投资理财的时候，要尽可能把风险降到最低的限度。要明确一个现实的目标：投资理财是为了多取得一点收益。以这个目标为指导，在选择投资项目的时候，要尽可能选择风险低、增值有保障的投资项目。对于那些风险较高的项目，即使增值的空间很大，也要毅然决然地放弃。虽然对于不同的单亲家庭，高风险的界定标准是不一样的，但是现实的增值目标一定要放在首位。这就要求单亲家庭的投资者要把握好四个理财投资的注意事项。

事项之一：银行储蓄是首选

　　对于单亲家庭来说，取得一些财富相对来说十分困难，所以一定要做好财富的积蓄。低收入的单亲家庭，最首选的投资理财方式就是到银行去储蓄。因为银行储蓄的投资风险是最低的，虽然其所得到的收益没有其他理财项目多。只要经常去打理家庭中的财富，不断地到银行去储蓄，时间一久就会得到一笔意想不到的财富。

　　曾先生的妻子在一次车祸中意外死去，家庭中所有的担子都落在了他一个人的肩上。女儿今年才七岁，正在上小学。曾先生一边在外面工作挣钱供养整个家庭，回到家中还要为家务忙碌着。曾先生一个月的工资是4500元，为了让女儿在物质上能有更多的富余，曾先生每个月都会往银行的固定账户上存钱。曾先生说，这一部分钱是为以后女儿接受教育以及结婚时的嫁妆之用。20年之后，曾先生已经有些苍老，他的女儿大学毕业，家庭的积蓄已经有20万元。在艰苦奋斗了20年之后拥有这样20万元的存款，对于曾先生的家庭来说，无疑是一笔巨额的财富。他们可以用这一笔财富来做许多有意义的事情。

事项之二：投资以稳为主

对于单亲家庭来说，并不都是收入较少，也有家庭收入是很可观的。如果一个单亲家庭其收入处于中等或者中等以上的水平，那么就可以去适当做一些其他种类的理财投资。但是，不管去投资那一种项目，都要以稳为主，不能让有限的财富打了水漂。

万俟女士的丈夫因病去世，把家里500万元的积蓄和房产汽车留给了她和儿子。万俟女士的儿子非常喜欢钢琴，而且很认真地在学习。万俟女士就从500万元的积蓄中拿出一部分资金，作为培养儿子的经费。万俟女士在支出这一笔经费之后，想到以后儿子要在这一条道路上发展可能需要更多的经费，丈夫留下的积蓄迟早有消费完的那一天。于是，她就想去投资一个理财的项目以多得到一些收益。万俟女士深刻地意识到，自己家庭的投资理财，一定要稳，一定要得到收益，因为自己承担不起风险。

在经过一番考察之后，万俟女士开了一家饭馆，她把位置选在市区的高校区，投资10万元做起了餐饮生意。每年她的餐馆都会为家庭带来20万元以上的收益。几年之后，儿子以优异的成绩考上国外某音乐学院，儿子想去这一所学校深造。万俟女士拿出准备好的50万元让儿子去国外留学。对于万俟女士来说，虽然她的家庭有丈夫留下的500万元的积蓄，但是她还是想到要去投资一些理财项目。在稳定的基础上，几年下来她的家庭也得到一笔不错的收益。

事项之三：不要和旁人攀比收益

从一般意义上讲，投资理财要想得到更多的收益，就一定要承担相应的风险。对于单亲家庭来说，不管是收入较高的，还是收入较低的，都不要一味地和别的投资者攀比收益。只要是适合自己家庭的投资项目，风险又相对较小，能取得一笔不错的收益就好。一旦陷入和别的投资者攀比的怪圈中，很可能会使得家庭的投资陷入失败的境地。

游女士的丈夫因一次意外事故死去，因为肇事的一方要承担巨大的责任，所以她的家庭得到了200万元的赔偿金。再加上夫妻两人这几年的积蓄，游女士的家庭有300多万元的积蓄。这300万元，将是她和女儿以后生活的基础。丈夫在世的时候，游女士就是一个全职的家庭主妇，对于投资理财这一方面的事情，她不怎么操心。现在丈夫去世了，她不得不接手所有的家庭事务。为了让自己的家庭能过上更好的日子，游女士也决定去做一些投资理财。游女士看到别的投资者都去购买股票、基金什么的，都能取得不错的收益，她也尝试着去投资股票，半年下来就损失了3万多元。她十分心痛，就想退出股票投资。但是，当她听别人说：投资股票损失个三万五万的很正常，只要能坚持，就一定能挣到大钱。

游女士只看到了投资股票挣钱的人，只听说应该如何投资股票。由于她本身对于股票投资没有什么知识储备，但是她又一味地和别的投资者比较。看到人家投资得到不错的收益，自己也跟着去投资。一年下来，游女士不但没有得到一点收益，还损失了不少。这时候，她才意识到，如果用那一部分钱去投资实业或者存到银行，对于家庭来说也是一件很好的事情。于是，她又根据自己家庭的实际情况，投资3万元开了一家服装店。一年下来，也得到5万元的收益。当再次听说有的人去投资什么什么项目、得到多少多少的收益时，游女士只是淡淡地一笑。因为她已经清醒地认识到，适合自己的项目就是最好的项目，不用和别人做过多的攀比。

事项之四：要保持一个良好的心态

对于投资来说，总会出现投资不顺利，损失部分利益的事情。对于一般的投资者来说，都容易产生一种浮躁心理。单亲家庭由于其特殊的背景，更容易产生心理的巨大波动和反差。这时候就要求单亲家庭的投资者，在投资理财的过程中，一旦遇到投资不顺利，甚至遭受损失的时候，一定要保持一颗冷静的心。应该撤的时候就要马上撤出投资，应该坚持的时候就一定要坚持下去。

向女士是一个单亲母亲，丈夫死于一场突发疾病。当丈夫去世的时候，家里所有的积蓄也只有5万元。为了维持以后自己和儿子的生活，向女士投资开了一家服装店。服装店开业初期，她并没有取得什么收益，反而赔进去不少，向女士并没有因此而灰心。她细心分析自己服装店经营过程中存在的问题。原来她服装店销售的衣服，质量不好价格还很贵，所以销售业绩不好。在找到了原因之后，向女士设法购进物美价廉的衣服。一年之后，她的服装店取得了较好的业绩。她的家庭也因此得到了10万元的收益，不仅改变了自己和儿子的生活现状，还积蓄了一笔小小的财富。

人都会有贪婪的一面，所以在高利润的诱惑之下，许多家庭疯狂地去购买高风险的理财产品。他们刚开始认为"撑死胆大的，饿死胆小

的"。这种"人有多大胆，地有多大产"的浮夸作风，早就被证明是存在问题的。于是，那些去投资高风险的理财产品的人，在遭遇了一番地狱的折磨之后，才后悔自己的血汗钱不应该放到高风险的理财产品上。但是，已经后悔不及了。

第三十五节　保持财富的增长趋势

对于单亲家庭来说，积累一笔财富很不容易。当家庭拥有一笔财富之后，其后续的投资理财就要让有限的财富逐渐增长，这样才能使家庭的经济状况有很大的提升。在投资的时候，不管去投资大的项目，还是去投资小的项目，都要把握住四个基本的投资原则。这四个原则如果运用得好，可以让单亲家庭的财富不断上升。

原则之一：财富的增长要有详细的规划

单亲家庭，在进行投资理财之前，首先要制定一个详细的规划。每一步都要有一个适合自己家庭的目标。这个规划制定以后，再去选择投资理财的项目。在选择投资理财项目的时候，凡是不符合规划的项目都不能去投资，不管它的收益看上去有多么大。

甘女士的丈夫是一个建筑工人，在一次事故中失去生命。甘女士独自一个人支撑着这个家，一边疯狂地工作，一边教养着女儿。经过了几年的奋斗，她积蓄了5万元的财富。再加上丈夫去世时得到的20万元的抚恤金，她的家庭也拥有了25万元的积蓄。甘女士以这25万元的财富为基础，想去做点投资理财。因为她清醒地认识到，自己家庭的这一点积蓄来得非常的不容易，所以她十分慎重。甘女士先是制定了一个投资理财的规划，这个规划以财富增值为目的。每个阶段都有一个增值的范围，这个范围要有现实的可行性。她第一阶段计划投资3万元去投资一个理财项目，财富增值的目标是1万元。当她进行市场考察的时候，一个朋友向甘女士介绍了一个理财项目，先期要投资5万元，一年以后可以得到3万元的收益。虽然这对于甘女士来说具有一定的财富诱惑，但是这个理财项目和制定的规划不相符。所以，她没有去投资这个项目，而是选择了另外一个更加稳定的理财项目，一年以后她得到了1万元的收益。

原则之二：保持财富阶段性稳定

单亲家庭要去投资理财，一定要保持财富增值的稳定。千万不能像现在的一些投资者那样，看到收益马上就收割。至于以后会不会得到收益，那是以后的事情。对于单亲家庭而言，一定要使手中有限的财富在一定阶段稳定的增长，即使财富的增值额度不是太大。这种稳定性，一方面可以定时得到一点收益；另一方面也给家庭带来一种心理的安全感。

查女士的丈夫因病去世，留下一个刚三岁的女儿，家庭的重担就落到了她的肩膀上。经过三年的财富积累，查女士的家庭拥有了3万元的积蓄。为了能多得到一些收益，让女儿过上好一点的生活，查女士决定去投资一些理财的项目。在刚开始投资理财的时候，查女士只是一味地追求高收益，前半年得到了约2万元的收益。但是，由于她对利益的追求过于明显，在以后的一年间她的投资基本没有得到什么收益。在认真总结了第一阶段的投资经验之后，查女士意识到了保持财富阶段性稳定对于一个单亲家庭的投资理财来说有着十分重要的意义。于是，在第二个阶段投资理财项目的时候，她给自己制定了一个规划。在选择投资项目的时候，每个季度都要至少有5000元的收益。如果所投资的项目在中间出现问题，不能达到这个目标的就要马上终止投资。一年以后，查女士得到了2万多元的收益。这一笔收益虽然不是太大，但是这种稳定性的收入，对于她的家庭来说，已经达到了阶段性的理财目的。

原则之三：扩大财富增值的空间

对于单亲家庭来说，由于其对于收益稳定性的要求很高，所以在投资理财的时候，特别容易在一个小的圈子里徘徊。单就投资理财来讲，在更大的范围内选择理财项目，可以使得家庭投资理财的增值空间扩大。对于单亲家庭的理财项目来说，要尽可能在小风险的基础上寻找更好的项目，这样才能做到在稳定中扩大财富增值的空间。同时，也为下一步的理财投资奠定了一个更高一点的基础。

方女士在丈夫去世之后，为了支撑起整个家庭，用已有的5万元积蓄开了一家小的服装店。作为其投资理财的项目，小小的服装店每个月能带来3000多元的收益，这为方女士的家庭带来一笔合适的收益。随着女儿一天天地长大，几年之后服装店的收益已经不能满足家庭的日常开支。这时候的方女士，开始考虑是不是可以扩大理财投资的范围，在风险较小的情况下，让家庭财富的增值空间进一步扩大。在做了一番考察之后，方女士发现了另外的一个投资理财项目，这个项目风险较小、收益稳定，也符合其家庭的实际需要。于是，方女士在服装店的旁边投资5万元开了一家小小的超市。这一下，方女士家庭的财富增值空间变大，一个月能收入约2万元，比单纯地投资服装店多了一倍还要多。

方女士在第一阶段的家庭投资理财过程中，只是开了一家小服装店，所以其所得的收益就非常有限。等到第二个阶段，她又投资开办了一个小小的超市，这无形之中就扩大了财富增值的空间，所以其家庭的收益能从3000元增长到2万元。在风险和收益稳定性相对一致的情况下，适当扩大投资理财的增值空间，有利于低收入的单亲家庭尽快摆脱生活的困境。

原则之四：财富增长不能过热

对于单亲家庭来说，尤其是家庭收入相对较低的，他们都希望尽快走出困境。这一种迫切的心态，促使许多的单亲家庭想办法投资一些回报丰厚的理财项目。但是，在投资一些理财项目的时候，千万不能让财富的增长有一种过热的趋势。所谓的过热，指的是财富的收益与投资之间实际的期限太短。刚得的收益，还没有来得及规划，就马上投资出去。对于这样一种过热的状态，即使收益的数额巨大，但实际上并不是真正意义上的财富，而仅仅是一种流动的资本。这种资本对于单亲家庭来说不是一种适合的理财方式。

康先生的妻子在一次自然灾害中失去了年轻的生命，只剩下他和三岁的儿子相依为命。为了让自己的家庭有一个好的生活，康先生以3万元为基础进行了一系列的投资理财活动。对于那些投资收益较小的理财项目，康先生觉得不会给家庭带来多大的财富，所以他不去做。经常去做一些大一点的，他认为这样做虽然有风险，但是其收益也大。但是，几年下来，康先生发现了一个问题，自己投资的理财项目虽然表面上看能得到许多的收益，但是这些收益似乎并不真正属于自己。每一次钱刚到自己手上就得投资出去，以至几年下来，自己的家庭并没多少财富的积蓄。康先生在认真思考投资的失败之后，意识到自己不能再这样下去，否则，再过上几年手中还是没有任何收益。于是，他调整了理财投资的策略，以一种更加平和的心态去投资稳健的理财项目。3年之后，他的家

庭拥有了5万多元的积蓄。

对于家庭投资者来说，要想在理财投资方面得到较好的收益，就要让自己的投资保持在一个长期增长的趋势之中。只要所进行投资理财行为一直处在一个增长的趋势之中，一定时间之后肯定会得到一份不错的收益。不要计较一时的得失，在长期的理财投资中，只要整体的趋势是增长的，就是一种良性的理财之路。

第三十六节　健康投资有保障

单亲家庭，不管其经济收入状况是差还是好，都经历过人生中一段难以言说的日子。正因为有这样一段特殊的经历，单亲家庭对于健康都十分重视。在不同的家庭，他们会采用不同的投资理财方式来给家人一个健康的保障。在健康投资方面的理财，一定要把握好五个重要的观念。只有把握好这五个基本的观念，才能让家庭中有限的财富真正为家庭成员的健康服务。

观念之一：健康投资要适合家庭现状

对于不同经济收入水平的家庭来说，其能够用于健康投资的财富数额也不一样。对于经济基础较好的家庭，可以投资一些消费水平较高的健康保健项目；对于经济基础较弱的家庭，可以投资一些消费水平一般的医疗保障项目。单亲家庭在进行健康投资的时候，其投资的水平一定要和家庭的实际收入相适应。

夏女士的丈夫前几年因病去世，她和五岁的女儿一起生活。丈夫去世之前有几家连锁的餐饮店，夏女士接手后，认真地经营这几家餐饮店。由于业绩还不错，每年都能得到约10万元的收益。因为丈夫是得了一场奇怪的病后，没几个月就失去了生命，所以夏女士特别注重自己和女儿的健康。每个月她都要带着女儿到固定的医疗机构做相关的养生护理，每3个月去医院做一次全身体检，她还购买了好几份的健康保险，家里也有各种各样的健身器材。每年用于母女健康的投资都在5万元以上。对于一般的单亲家庭来说，每年投资一半以上的收入来提供保障，似乎有一点多。但是，对于夏女士来说，她的家庭有这样的经济能力，所以并不是太过的事情。更重要的是她和女儿收获的健康。

观念之二：健康投资要有针对性

一般的单亲家庭，都要比普通的家庭更加劳累，所以在很大程度上都会有健康隐患。在进行健康投资的时候，最好根据家庭成员的实际健康状况，将有限的家庭财富用在合适的地方，而不是一味地购买许多的保险等。

胡先生的妻子前几年在一次发大水中被洪水冲走，只剩下他和15岁的儿子一起生活。胡先生是从事货运工作，经常会去干重体力活。胡先生家庭的月收入在5000元以上，虽然不算太多，但是也可以维持其日常的生活。在家庭健康投资这一项上，胡先生没有做过多的投资。他为自己和儿子购买了一份合作医疗，其他的保险他都没有购买。胡先生考虑到自己是重体力劳动者，他定期就会到正规的按摩机构去做推拿按摩，让自己的身体保持在一种良好的状态。去年冬天特别冷，胡先生要在寒风中从事体力劳动。于是，他为自己购买了一套拔罐器，每天晚上回到家，都让儿子为自己拔上几罐，把体内的寒气清除掉。这虽然只是一个

小小的健康投资，但是符合其家庭的现状，也起到了保障健康的作用。

观念之三：健康保障的长期性

健康投资不是一天两天也不是一年两年的事情，它应该是一个长期的投资。对于单亲家庭来说，健康保障方面的投资一定要有一个长期的合理规划。让家庭成员在一段很长的时期内都能得到同一个级别的健康保障，这才是单亲家庭健康保障投资的真正意义。

乔女士的丈夫在一次车祸中丧生，事故责任方赔偿了20万元。她和八岁的儿子一起生活。20万元的赔偿金，再加上家里超市每年约20万元的收益，乔女士和儿子的生活还算富足。为了让自己和儿子都有健康的身体，乔女士做了一个健康的投资保障规划。每年都为两个人的健康投资5万元，这项投资的持续时间要在20年以上。乔女士总共要为这一项投资保障规划消费大约100万元的财富。虽然此时乔女士还没有能力一次性拿出这一笔钱，但是她还是迈出了第一步，先投资了15万元，作为第一个三年的健康保障投资。随着乔女士家庭理财项目的合理经营，她的收益也越来越多，三年之后就拥有了100万元以上的财富。这对于其健康保障投资来说是一件很好的消息。在未来的日子里，她和儿子将会有一份健康的保障。

观念之四：不能过分投资健康保险

对于有一定经济基础的单亲家庭来说，投资购买健康类的保险是属于健康保障投资的一部分。但是，这种对于保险的投资要有一定的限度，只要适合自己家庭的现状就好，完全没有必要购买多种保险。过多地购买健康类的保险，其实只是对有限资金的浪费，对于健康保障并没有太多意义。

牛女士的家庭，是一个高收入的单亲家庭。她的家庭，每年的收入在1000万元以上。为了让自己和女儿有一个健康保障，她购买了几十份不同的健康保险。而且，牛女士还计划再购买几份，只要有相关的健康保险推销员找到牛女士，她就会去购买。一个家庭投资健康保险，只要能提供一种基本的保障就可以，没有必要购买十几份健康保险。有的人劝牛女士没必要这么夸张，购买十几份健康保险，真正能派上用场的其实并不多。牛女士对于别人的劝告一点也不放在心上，每年仍支出巨资去购买不同种类的健康保险。

观念之五：日常保养防患于未然

对于单亲家庭来说，想要为家人提供一种健康的保障，不管是去投资购买保险，还是去做一些保健的治疗，其实从健康的角度来讲，已经具有一定的滞后性了。最好的健康保障，就是让自己的身体一直处于一种良好的状态。这种状态需要好好地保养，保养包括平时的饮食、锻炼、休息等许多因素。如果能在平时的保养过程中投资一定数额的资金，就能做到防患于未然。

卓先生的妻子已经去世三年了，他一个人和儿子过日子。卓先生每个月的收入为5000元，虽然不是太多，但是除了基本维持日常的家用之外，还能有一部分积蓄。每个月卓先生都会为家庭积蓄2000元的财富，用3000元来维持日常的生活。在这3000元中，卓先生会投放到饮食、锻炼等方向。卓先生一方面保证儿子成长所需的各种营养，让其健康成长；另一方面，他定期带着儿子去户外运动：或者去爬山，或者去游泳，或者去划船。这样在锻炼身体的同时，还能让心情彻底地放松下来，从而对于身体的健康有十分重要的作用。在卓先生对于健康保障的投资中，除了有两份健康保险之外，他再也没有购买别的什么保险。在两个人共同生活的三年时间里，父子两个基本没有得过什么病，身体一直很健康，过得也十分快乐。

单亲家庭的健康保障，应该体现在一种综合的层面，不能一味地购买保险之类的保障。要从身体健康的角度出发，认真地对自己家庭的经济现状及成员的身体现状有一个细致客观的了解，然后再制定一个适合的规划。只要让规划真正起到提供健康保障的作用就行，不一定非要去投资多少多少钱。过度地为健康投资金钱，而忽略了健康本身，其实是曲解了投资健康保障的内涵。

第三十七节　教育投资早做准备

对于单亲家庭来说，子女的教育是一件十分重要的事情。为了给子女一个好的教育环境和条件，家长都会有一部分的资金用于这一方面的消费。但是，对于教育投资这一方面不能一味地多投资，有时候教育资金的使用，不是消费得越多，得到的回报就越多。只有在合适的时间使用相应额度的资金，才能真正使得有限的财富发挥出最大的作用。从这个意义上讲，教育投资理财的目的就已经达到了。教育投资在具体的操作过程中，要注意下面四个方面的问题。

问题之一：教育投资在理财规划中的位置

对于单亲家庭来说，不管是高收入的还是低收入的家庭，相对于整个家庭的理财规划，对子女的教育投资应该排在日常生活投资和健康投资之后，位于理财投资的第三位。之所以将其排在这个位置，是因为对于整个家庭来说子女的未来是其重要的希望所在。

郑女士的丈夫前几年去世，留下她和两岁的女儿生活。郑女士的丈夫为她留下一套150平方米的房子和180万元的存款。郑女士是一家公司的高管，月收入为8000元，在她们生活的城市郑女士和女儿可以过上相对富足的生活。除去日常生活投资和必要的健康投资，郑女士首先想到的就是女儿的教育投资。在女儿没有上幼儿园时候，她就开始将这部分资金规划出来存到银行的固定账户上。随着女儿一天天长大，这部分教育投资开始实际的应用。在满足了日常生活和健康保障之后，郑女士优先为女儿支出这一部分教育资金。

问题之二：义务教育之前的投资支出

随着人们教育观念的转变，义务教育阶段之前的教育成为对子女教育的重要环节。一个单亲家庭，如果要在义务教育阶段之前为子女支出教育资金，这是一种负责的表现。但是，对于义务教育阶段之前的投资，不能过于大。表面上看为子女投资大笔的资金，是为了让其尽快成长。其实，只要根据孩子的性格进行适合的教育投资就可以。那种十分夸张的投资，其实是对有限财富的一种浪费。

钱先生和妻子离婚，他和三岁的儿子一起生活。钱先生是一家公司的老板，每年能为家庭带来约5000万元的收益。儿子到了上幼儿园的年龄，钱先生花了许多钱让儿子进到最高档的幼儿园。儿子说喜欢弹钢琴，钱先生就花了100多万元买了一架钢琴回来。儿子说喜欢唱歌，钱先生就把最好的歌唱家请到家里为儿子上课。诸如此类的事情有很多，

等儿子到了上小学的年龄，以前的那些个所谓的爱好都被遗忘。几年之后，儿子真正喜欢的却是和幼儿时期的兴趣没有一点关系。对于钱先生来说，虽然并不缺少钱，但是他对于儿子的义务教育前的投资，其实是没有认真的考虑，没有根据儿子的实际情况来规划。

问题之三：义务教育阶段的资金支出

当孩子到了义务教育阶段之后，除了一应的日常学校支出之外，为了让孩子最终能考一所好的大学，许多的课外辅导成了许多家庭的选择。对于单亲家庭来说，对于孩子成绩的关注度，比一般的家庭要高得多。但是，这种对课外辅导的投资要有一定的限度。对于义务教育阶段的孩子来说，他们一般都会有属于自己的兴趣爱好。这个阶段，如果能让孩子在课余时间将其个人的兴趣爱好发展下去，并给予适当的培养，对孩子以后的成长是十分有益的。

陈女士和女儿一起生活，对女儿的考试成绩她一向是十分关注的。陈女士是一家公司的人事总监，一个月的收入是10万元。明年女儿就要中考了，可是女儿的成绩实在让陈女士有点担心。陈女士听说现在有许多的辅导学校，可以让初中学生的成绩在很短的时间内得到提升。于是，就给女儿报了许多种类的辅导班，可是女儿并不太喜欢到辅导班里去补习。每一次陈女士都向辅导学校缴纳不少的钱，少则几万元，多则几十万元，甚至上百万元。可是，最后到了中考的时候，女儿也只是考上了一座很普通的高中。其实在整个辅导的过程中，陈女士并没有真心关心女儿的学习，而是一味地想用钱来多买过来一点成绩。

顾先生的妻子早年去世，他和上初中的女儿一起生活。顾先生是一家科研机构的专家，每个月的收入在2万元以上。女儿从小学习成绩就不怎么好，但是她特别喜欢绘画，而且许多的作品都得到专家的认可。顾先生考虑到女儿的未来，所以没有一味地让她去补课，也没有提出中考一定要考多少分之类的要求，而是拿出一笔钱请了一位很专业的绘画艺术家在课余的时间教女儿绘画。虽然中考的时候，女儿的成绩很一般，高考的时候也只是考上一所普通的大专院校。但是，几年后女儿在绘画方面的才华就逐渐显露出来，一跃而成为一个响当当的艺术家。顾先生在女儿义务教育阶段对其绘画艺术的投资，对女儿以后的人生起到了巨大推动作用。

问题之四：非义务教育阶段的资金支出

对于单亲家庭来说，一旦子女度过了义务教育阶段，不管是上大学还是出国留学或者到技术学校学习专业的技术，都需要一笔不小的资金。这一笔资金的数额，比义务教育阶段消费得要多。单亲家庭要根据自己家庭的现状以及子女进一步深造的去向为其储备和消费这一笔资金。这一笔资金的储备，在义务教育阶段就应该完成，对于其消费要根据自己家庭的现状，不能够过于奢侈。

纪女士的丈夫在一次意外中失去生命，留下了一笔数目不小的财富给她和儿子。儿子刚参加完中考，就计划高中毕业以后要到国外去读大学。于是，纪女士早早地就为儿子准备了2000万元出国留学的费用。在参加完高考之后，儿子就到欧洲一所大学去留学。由于纪女士给儿子的留学费用太多，所以慢慢地儿子在学校不好好学习，到处过着花天酒地的生活。四年之后，没有能够顺利毕业，纪女士无奈之下又得出资让儿子再读几年，直到顺利毕业为止。又过了四年，儿子才算从大学里顺利毕业。对于纪女士的家庭来说，这四年的时间就这样被白白浪费掉了。

　　杜女士的丈夫在一次施工中意外死亡，只剩下她和女儿一起生活。丈夫去世之前留有5万元的积蓄，再加上意外事故赔偿的50万元，杜女士的家庭拥有55万元积蓄。杜女士是一家公司的运营总监，每个月的工资约为1万元。女儿高中毕业后，想要到国外去留学。杜女士除了学费和日常生活费之外，没有给女儿多余资金。杜女士要求女儿到国外之后，一边学习一边勤工俭学。杜女士的女儿在学校刻苦学习，课余时间就到一些外国的企业去打工，每年都能得到学校的一笔奖金，四年后从学校毕业回家创业。杜女士的教育投资，可以说一举两得。既让女儿出国留学，又让女儿得到了充分的锻炼。

　　对于单亲家庭来说，不管收入水平较高的，还是收入水平较低的，都要做理财投资的规划，让家庭中有限的财富发挥其应有的作用。在选择投资项目的时候，一定要保证其增值，即使其增值的收益额度不是太大。千万不能为了得到较高的收益，而去承担较高的风险，这不符合单亲家庭的理财投资原则。

第九章
"孩奴"家庭怎样去理财

　　一个家庭一旦拥有了孩子，就得承担起与孩子有关联的一切义务和责任。家庭的重心偏向孩子，甚至有的家庭所有的事情都围绕着孩子而展开。"孩奴"的称谓对于这一群体来说是很合适的。孩奴家庭，将其有限的财富投资到孩子身上，这个没有什么可以争论的。但是，对于整个家庭来说，除做好为孩子的财富投资之外，还要做好其他方面的规划。毕竟，家庭中除了孩子，还有其他的成员。

第三十八节　为孩子买好的不买贵的

　　对于已经结婚两年以上的夫妻来说，一般都已经拥有或者将要拥有属于自己的宝宝。不管是已经属于"孩奴"一族，还是将要成为孩奴一族的家庭，都要合理安排家庭的财富支出。要给孩子一个好的成长条件，消费一定的家庭财富是必需的，但是一味去过度消费，这不一定就能获得较好的效果。所以，孩奴家庭在理财的时候，一定要把握好一原则：买最好的，不买最贵的。

　　一般人都有一个心理误区：以为给孩子买最贵的就是对孩子最大的爱护。其实，对于不同的家庭，在为孩子消费的时候，要从家庭的实际出发，所要购买的物品或者其他东西，只要合适的就是最好的。

　　在对孩子的投资中，支出必要的财富是一种保障，但是千万不能陷入不切实际的过度消费之中。如果能适当规避投资消费中的误区，不仅能为家庭带来一笔财富，还能给孩子一种轻松的生活。

误区之一：为了虚荣过度买单

　　当一个家庭拥有了孩子以后，所有的工作重心都将围绕孩子进行，这是一个不容置疑的潜规则。正因为家庭生活的重心都围绕孩子而来，所以在对孩子的投资过程中，就会出现过度虚荣的问题。看到张三的孩子有什么样玩具，自己的孩子也要有；看到李四的孩子有什么样的衣服，自己的孩子也要有。这样一味攀比的结果是，自己的家里慢慢变成了婴幼儿专卖店，只要专卖店有的，家里基本都有。

其实，这样的做法是非常不理智的，也是没有必要的。孩子的成长，所必需的物品及保障等，家庭为孩子提供就可以，没有必要为了大人的虚荣而把孩子绑架进来。这不仅是一个经济上的问题，也是一个心理上的问题，这样对孩子的成长其实并没有什么好处。

洪女士的家庭，拥有了一个可爱的宝宝。看着这个可爱的小家伙，夫妻两人高兴得天天合不上嘴。洪女士的丈夫一个月的收入是8000元，但是这远远不能满足家庭的需要。早在怀孕的时候，洪女士就天天到婴幼儿的专卖店去逛，基本上每次都要买回来几件物品。只要她觉得孩子可能会派上用场的，都统统买回来。到孩子出生的时候，家里的卧室和客厅就变成了一个小型的婴幼儿超市，各种各样的婴儿用品分类放置。洪女士的丈夫，每当看到这些物品，都觉得心里有一种说不出的无奈。

孩子出生以后，洪女士又给丈夫列下许多的购物单，而且基本每天都有新的项目。对于给孩子的日常生活用品，洪女士特别讲究，都要买最贵的，她觉得便宜的没有好货。除了想办法多挣钱之外，丈夫也劝不住洪女士。随着孩子一天天地长大，以前购买的许多物品根本就没有派上用场，家里可以利用的空间越来越少。无奈之下，洪女士只好将这些东西送给周围的亲戚和朋友。最后夫妻两人合算了一下，从怀孕开始到孩子三岁，她的家庭用于孩子身上的日常消费，每年达到10万元。虽然听上去是夫妻两人为孩子投资的，但是里面有很大一部分消费其实是为虚荣而消费的，东西买回来以后，孩子根本没有用，或者放在那里慢慢变旧，或者送给别人。

误区之二：给孩子购买奢侈品才有品味

对于孩奴一族的家庭来说，给孩子一个良好的成长环境和有保障的成长条件是必需的，但是一味地购买奢侈品，对于孩子的成长并没有什么积极的意义。一方面，奢侈品消费给家庭带来了一定的财富消耗；另一方面，也会让孩子从小养成不好的习惯。

丁女士的家庭是一个生活十分富足的家庭，丈夫是一家公司的老板，每年都能为家庭带来5000万元以上的财富。从丁女士怀孕开始，夫妻两人就开始了给孩子规划，这本来是一个正常的投资过程。但是，丁女士所购买的消费品，不管是吃的、住的、用的，还是其他的方面，都要选择最贵的。丁女士的儿子，就是在这样一种环境中成长的。一切生活用品，都是最好的。等孩子长大一点以后，只要他想要的，丁女士想都不想，立刻就为儿子去购买。

买一个包要几十万元，一身衣服要一百多万元。在富裕的环境中成长的儿子，没有一点上进心和独立生活的能力。等到儿子二十岁的时候，丁女士丈夫的公司出现了重大的事故，由于没有办法承受巨大的压力，丈夫跳楼自杀。家庭所有的积蓄以及财产都被相关部门查封，拍卖之后用于偿还欠下的债务。丁女士家庭的生活，一下子陷入了绝境。儿子本来正处在一个拼搏的年纪，可是因为从小习惯的奢侈生活严重腐蚀了他的斗志，最后沦落到了社会的最底层，变得疯疯癫癫。作为孩奴一族，为孩子提供一个好的成长环境，这是一种责任心。但是，不能助长奢侈消费，即使你的家庭收入很高。从小就要让孩子远离奢侈品消费，这是一种对家庭财富规划的需要，也是孩子未来成长的需要。

误区之三：在孩子的身上不能节省

对于一个家庭来说，要有一种勤俭持家的理念，在满足家庭日常所需的情况下是可以做到节省的。即使是孩奴一族，只要打理得适当，做好节省工作，也可以为家庭理出一笔小小的财富来。那种认为在孩子身上节省就是在虐待孩子的观念，其实是一种误区。一个孩奴家庭，只有从实际的收入出发，制定出属于自己的消费计划，才能真正让家庭成员过上幸福的生活。从一定意义上讲，在孩子的身上节省，是对其成长的一种现实教育，而不是有些人所说的虐待。

郑女士的儿子今年三岁，她和丈夫都非常爱自己的孩子，但是他们只给孩子消费应该的财富，对于那些奢侈的消费品夫妻两人总是节省的。从怀孕开始，郑女士就对自己十分有信心，除非有意外情况，否则一定要自己把孩子生下来，不能把生产的希望全部寄托在剖腹产上。儿子出生以后，郑女士充满信心地给孩子哺乳，她相信自己的儿子一定能吃上母乳，果然小家伙幸福地得到母亲的乳汁。孩子慢慢长大，郑女士只给儿子购买日常生活中必须要用的物品。对于那些奢侈品，她从来不去买。她不去为儿子购买太多的玩具，而是慢慢培养他对于现实的认知。等到儿子六岁的时候，他喜欢上小提琴。于是，郑女士就拿出家庭的积蓄给儿子请音乐老师。并在儿子八岁生日的时候，为他买了一个质量上乘的小提琴。对于一个普通的市民家庭来说，日复一日、年复一年地为儿子的音乐道路而支出，确实是一笔不小的数目。但是，郑女士却笑着说，这都是这些年从儿子身上节省下来的。郑女士从家庭的实际出发把那些日常的奢侈消费都节省下来，经过多年的积蓄，她把这笔财富用在培养儿子身上。从这个意义上讲，她对于儿子的节省是一种理财投资的方式之一。

对于有孩子的家庭来说，一般的家长都会将很大的一笔收入用在孩子的身上。这体现出父母对于下一代的关心和爱护，但是并不是花在孩子身上的钱越多就越能体现出对孩子的爱护。单纯从理财的角度来说，只为孩子提供适合自己家庭水平的消费品就好，不要过度地购买太昂贵的消费品。正像富兰克林所说的那样：不能因为喜欢哨子，而花费比他高出很多倍的钱。

第三十九节　健康投资要做好预防

对于孩奴一族来说，要想家庭有一个和谐美满的生活，孩子的健康成长是一个必需的。孩子要健康成长，让其少生疾病则又是一个很重要的因素。这就要求家长在细心照顾的前提下，尽可能为孩子的健康提供一种保障，尤其是用于健康上的经济投资。孩奴家庭，只有做好三个方面的基本投资，才能让孩子少得病，能够健康地成长。

基本投资之一：预防常见疾病的支出

正在成长中的孩子，由于身体抵抗能力比较差，所以经常不小心感染上各种各样的疾病。常见的感冒之类的疾病，一般都可以轻松应付。但是，一些对孩子身体会造成巨大伤害的疾病，一定要做好预防工作。随着我国医疗水平的不断提高，一些常见的传染病，国家都会免费为孩子提供预防的针剂或者药丸等。家庭只需要对一些特殊的针剂支付一定的费用就可以。

秦女士现在有一个可爱的宝宝，她从怀孕开始，就定时到建档的医院做各方面的检查。虽然秦女士为此支付了一定的医疗检查费用，但是他们拥有了一个健康的宝宝。孩子出生以后，每个月需要打的预防针剂，她每一次都按时到医院为宝宝接种疫苗。在宝宝的成长过程中，接种疫苗这一项的费用，国家已经为孩子支付一大部分，只有一小部分的费用由秦女士的家庭支付。她所要做的，就是要有这样一种预防的理念，按照接种日期去给孩子接种疫苗即可。

定期到医疗机构为孩子做一个全面的疾病筛查，在一些地区已经开始实施，家庭只需要支付少量的手续费即可。这种疾病筛查，可以及时发现孩子可能存在的疾病隐患，为其健康成长提供一种重要的保障。

程女士有一个健康可爱的宝宝，在她所生活的城市，整体的医疗水平很不错。对于常见的传染疾病检查项目，国家有专门的资金。每半年，她都会带宝宝到医院做一个全面的身体检查。对于六岁以下的孩子，医院有专门的免费检查项目。这些项目都是针对传染率比较高的疾病，所以程女士只需要支付免费之外的检查项目费用即可。全面检查之后，如果孩子有某方面的问题，程女士就会立即采取有效的措施。如果没有任何问题，程女士就给孩子一个健康的成长环境，让其快乐成长。

基本投资之二：孩子的日常体育锻炼

在孩子的整个成长过程中，除了医疗方面的投资之外，体育锻炼方面的支出，也是一项不可或缺的健康支出。当孩子没有体育锻炼意识的时候，家长要做好相关的帮助措施，让其身体能得到应有的锻炼。当孩子有了体育锻炼意识的时候，就要为其付出一部分家庭财富。这部分财富可以根据家庭的实际情况来做出相应的规划和实施。

冯女士有一个女儿，她的家庭收入状况很不错，丈夫每个月都能有2万多元的收入。在女儿六岁之前，冯女士每周都到专业的婴幼儿健康中心，让自己的宝宝进行必要的体育锻炼。虽然每年需要支出2万多元的家庭财富，但是冯女士觉得这一部分支出是值得了。因为它让宝宝有了一个健康的身体。随着孩子一天天长大，她有了一种自我锻炼身体的意识，已经不需要再到婴幼儿健康中心去锻炼。于是，冯女士就为女儿购买了一些专业的体育器材，每天都抽出一点时间来锻炼身体。虽然冯女士的家庭为此而投资了5万元，但是，当看到女儿健康成长时，冯女士认为这一笔投资很值得。

基本投资之三：家长健康投资

对于孩奴一族来说，除了要关注孩子的健康情况，并为之投资一定数量的家庭财富之外，家长的身体状况也要十分关注。一方面，只有孩子的父母健康，才能为孩子带来更多的成长保障；另一方面，如果父母不小心感染上某种疾病，就会很快感染给孩子。这种连锁的疾病传播效应，一定要将其危害控制在最小的范围内，不让其对孩子的健康成长产生消极影响。

丁先生是一个建筑工程师，他每个月能为家庭带来1万多元的收益。妻子是个家庭主妇，专门照顾家庭和抚养孩子。由于丁先生经常来往于工地和施工现场，每次回到家里都会带着一身的泥土。他自己平时不太注意身上会携带一些病菌，成年人对这些病菌有一定的免疫能力，但是，孩子因为小，对病菌的抵抗能力弱，所以经常生病。虽然丁先生夫妻经常给孩子看大夫，但是，长时间的生病对孩子的成长发育产生非常恶劣的影响。夫妻两人开始对孩子的健康问题仔细地研究，最后终于找到了原因。所以，丁先生每天回到家，第一件事就是先去洗澡，然后再去接触孩子。为了更大程度地减少疾病的连锁传播，丁先生夫妇每年拿出1万元，每隔一定的时间就到医院做一个常规的检查。如果发现有什么疾病，马上进行相关的处理。这之后，孩子的身体慢慢好了起来。对于孩子来说，少生了许多的病，他能够健康快乐地成长。对于整个家庭来说，虽然健康检查消费了家庭的一部分财富，但是夫妻两人的健康也得到了保障，孩子也因此少了一大笔的看病支出。

对于孩奴家庭来说，健康投资的理财计划是一个有机的统一体。一方面，要做好孩子健康方面的投资，孩子毕竟是整个家庭中的一员，而且是非常需要关心和爱护的一员；另一方面，也要做好整个家庭的健康投资。在投资方面，孩子的健康投资要在整个家庭中占有很重要的地位。但是，这并不意味着，所有的家庭健康投资都使用在孩子身上。

郭女士有一个三岁的女儿，丈夫是一家公司的高管，每个月的工资在2万元以上。由于夫妻两人都十分喜爱孩子，所以在孩子身上投资了许多。从郭女士怀孕开始，夫妻两人就为孩子进行健康投资。先是投资5万元，让孩子到健康成长中心去锻炼身体；而后又投资20万元，为孩子购买几种健康保险。每半年就带孩子到医院做全面的医疗检查……郭女士夫妻每年为孩子的健康投资就要花去家庭三分之一的收入。而夫妻两人却没有真正关注自己的身体状况。

随着孩子一天天长大，两个人的身体状况越来越差。在女儿十五岁那一年，郭女士突发脑出血，永远地抛下了女儿和丈夫。就在郭女士去世后的第三年，丈夫也因为急性肿瘤而去世。虽然家庭中仍有100万元的财富，但是，对于整个家庭来说，只有女儿一个人独自承受家的沉重。对于郭女士夫妻两人来说，他们对于自己的健康进行必要的投资，经济上的条件完全具备。但是，夫妇两个却没有重视这个问题，或者说他们根本没有这种意识。在整个的孩奴家庭里，健康的投资应该是一个整体，虽然孩子的健康十分重要，但是父母的健康投资也不能忽视。要为整个家庭成员的健康制定一个规划方案，以预防重大病症的发生，否则，一味地把投资的重点放在孩子身上，悲剧很可能就在不远的未来发生。

对于一个家庭来说，家庭成员的健康是头等的大事。一旦有什么重大的疾病，积蓄很长时间的财富，就可能在很短的时间内变得一无所有。所以，一定要做好预防，这样不仅可以少支出许多的钱，而且还能拥有一个好的身体。健康快乐的生活，也是理财所要达到的目的之一。

第四十节　做好家庭财富的规划

对于一个家庭来说，一般在建立之初的几年里都会拥有孩子。一个年轻的家庭，在进入到孩奴的阶段之后，就要规划好家庭财富的合理分配。在对家庭的财富进行分配之前，先要制定一个完整的财富规划。这个规划，要包括整个家庭未来的支出项目，这对以后的家庭生活有着十分重要的积极意义，是整个家庭投资理财的核心参考。对于孩奴一族来说，家庭财富的规划一般都有五个方向的支出规划。只有做好这五个方面的规划，才能让整个家庭走上一条和谐发展之路。

规划方向之一：抚养孩子

孩奴家庭在对其家庭财富进行规划的时候，首要的支出方向应该考虑到抚养孩子。孩子是一个家庭的未来和希望，只有让孩子健康地成长，整个家庭才有一个光明的未来。对于孩子的投资规划，一定要全面，要包括其成长所需要的各个方面。

赵先生是一家外贸公司的老板，一年的收入在1000万元以上。妻子是一个全职的家庭主妇，一边照看着家庭，一边抚养教育孩子。为了使整个家庭有一个美好的未来，夫妻两人在妻子怀孕之初就制定了一个家庭的财富支出规划。在这个规划中，排在首要地位的是孩子的抚养规划。从怀孕开始一直到孩子大学毕业，整个的过程要有一个完整的财富支出规划。夫妇两个规划，每年从家庭财富中拿出1/10作为孩子成长及教育的支出，这一项支出一直持续到孩子大学毕业。按照赵先生夫妇的规划，每年为孩子支出100万元，整个的规划大约要支出1000万元。在抚养孩子的这一项支出中，夫妻两人又制订出了详细的支出细节。虽然1000多万元对于赵先生的家庭来说并不是一笔特别大的数额，但是夫妻两人把抚养孩子放在第一位，是把家庭的希望放在了第一位。

规划方向之二：赡养双方父母

一个家庭一旦拥有了孩子，在为孩子的未来规划的同时也要为夫妻双方的父母做好赡养的规划。随着我国社会人口结构的老龄化，赡养老人的话题也变得越来越迫切。由于我国的养老保障体系还不完善，各地在养老保障方面的建设相对滞后，有些地方甚至存在着很严重的问题，所以家庭赡养仍是当前很长一段时间内不可或缺的家庭的重要组成部分。孩奴家庭要根据自己的实际情况制定适合自己家庭的赡养规划。

江女士夫妇有一个可爱的宝宝，双方父母都已经退休，在各自的家里安享着晚年的生活。江女士的父母，每个月的退休金合在一起约为3000元。丈夫的父母，每个月退休金合在一起3000元多一点。江女士夫妇的月收入是2万元多一点。于是，在家庭财富规划中，每个月拿出2000元用来赡养双方的父母，每一方都可以得到1000元的赡养补贴。对于江女士夫妇来说，双方的父母都有退休金，而且数额还算可观，他们只需要每个月适当地补充一部分赡养费用就可以。

规划方向之三：日常生活

孩奴家庭为了孩子支出一大笔的财富，这是对家庭未来的一种投资。虽然说孩子对一个家庭十分重要，为其投资是应该的。但是，在为孩子投资的同时，家庭的日常开支也是不能被忽视的。日常的吃饭穿衣、健康投资等，都应该体现在家庭的规划支出之内。

窦女士是一家公司的业务员，每个月的工资是2000元。丈夫是一家工业企业的工程师，一个月的工资是2万元。每个月22000元的家庭收入，在他们的生活圈里，已经属于很不错的了。窦女士的儿子今年三岁，家庭每个月都要为儿子支出一大笔的财富。在家庭的理财规划中，除了每个月为儿子支出一大笔财富之外，还要为家庭的日常生活支出一笔财富。每个月为儿子支出约5000元，而用于家庭日常生活的费用，窦女士定在3000元。虽然和儿子的抚育支出比起来，每个月少支出了2000元，但是，这3000元已经基本可以满足家庭的日常生活。家庭每个月都有一笔用于日常开支的规划，这样有利于保持家庭整体生活水平。

规划方向之四：购置不动产

对于有的孩奴家庭来说，他们拥有自己的房产，这种情况下，就可以规划去投资其他的不动产。对于有的孩奴家庭来说，他们并没有自己的房产。这种情况下，他们就要首先规划去购买属于自己家庭的房产，然后再去规划投资其他的不动产。

厉女士夫妇属于孩奴一族，夫妻的月收入是2万元。月收入2万元，这在他们生活的城市，属于高收入的阶层。厉女士夫妇在结婚之初就购买了属于自己家庭的房产。随着女儿一天天地长大，夫妇商量着可以适当地再购买一些不动产，以后可以作为一笔财富赠送给孩子。于是，夫妇两个就投资100万元购买了一些黄花梨的家具、金银首饰以及其他的古董。夫妇两个人计划着，等女儿成人了以后，作为嫁妆赠送给她。

迟先生夫妇是一对80后，在结婚后三年，他们拥有了属于自己的孩子。迟先生的月收入是5000元，妻子的月收入是2000元。除了为孩子的抚养而规划支出部分的财富之外，夫妇两个不得不为了购买房子而再支出一大笔的开支。夫妇两个贷款购买了一套100平方米的房子，之后的二十年，他们都要从家庭中支出一大笔钱去偿还住房的贷款。

规划方向之五：夫妇未来养老

一对年轻的夫妇，一旦有了孩子，就会从二人生活变成完整家庭的孩奴生活。对于孩子的付出，要持续很长一段时间。一旦孩子长大成人，这一对夫妇也会慢慢变老。在为孩子付出的同时，也应该为夫妇未来的养老做出一个合理的规划。根据家庭的实际水平和发展前景制定出一个养老的保障投资，这有利于未来家庭的和谐与稳定。

贺先生夫妻是一对普通的打工一族，每个月的收入约为6000元。在为孩子和家庭的财富规划之中，两个人也为自己的未来养老制定出两个合理的方向。一方面，参加国家统一的社会养老保险；另一方面，又购买了两份商业的保险。社会养老保险，在每个月发工资的时候，由银行代理相关的手续，个人缴纳一部分，所在公司缴纳一部分。只要缴纳的累积年限达到所规定的标准，到了退休年龄就可以得到一笔退休金。这一部分资金，虽然数量不大，但是足以提供一种生活的基本保障。再加上两个人都购买了商业保险，每年缴纳2000元，就可以到退休以后得到一份不错的养老补偿。贺先生在为家庭付出的时候，也为夫妻两人晚年的生活提供了一种保障。对于贺先生夫妇来说，他们为了孩子而付出，而且年轻的时候就为晚年的生活提早规划出一条适合的路。作为"孩奴"一族，能做到这样确实是达到了一种现实的理财目标，同时也是一种伟大的爱和奉献精神。

凡事预则立，不预则废。对于投资理财来说更是这样。一个家庭，如果要想通过投资理财得到属于自己的那一份收益，做一个长远而又合理的规划是至关重要的。规划一定跟自己家庭的实际水平相适应，不然，在以后的实施过程中就会遇到许多的问题。在具体的实施过程中，要根据现实的变化调整具体实施的细则，这样才能保证有一个较好的收益。

第四十一节　会省钱孩奴也疯狂

对于一个中等收入水平以下的家庭来说，一旦拥有了属于自己的孩子，学会节俭是一种美德。但是，对于想提高生活质量的人们来说，将有限财富进行合理分配，也是一个很难办的问题。在收入和分配水平相对稳定的情况下，如何才能让有限的财富发挥出最大的作用，让孩奴家庭的生活更美好呢？如果真的学会了怎么去省钱，那么这种生活离我们其实并不远。有几种省钱的妙招，不妨去尝试一下。

妙招之一：货比三家能省就省

随着我国经济的不断发展，对于常用的日用消费品来说，一般都有许多种类型可以供我们去选择。孩奴一族的家庭，不妨在购物消费之前多比较一下，能省一点是一点。

文女士的家庭有两个孩子，丈夫一个月的收入只有6000元，而文女士是一个全职的家庭主妇。家庭中所有的支出都指望着一个月6000元的收益。在经济收入相对有限的情况下，文女士在日常生活中特别会打理家庭的生活。对于不同品牌的日常生活用品，她都做到心中有数：哪一个品牌的衣服，质量好又便宜；哪个市场上的菜新鲜又可口；哪个品牌的鞋子质量好，价格又实惠等。粗略计算一下，每个月从购物上能省下来的钱，就多达1500元。对于一个孩奴家庭来说，困难只是暂时的，总会有过上富足生活的那一天。但是，省钱却是现实的，在日常的购物以及其他消费中能做到货比三家，时间一长确实能省下一笔小小的财富。

步女士是一个家庭主妇，她和丈夫有一个可爱的儿子。丈夫的月收入是1万元，虽然不算太高，但是还能让家庭成员过上安定的生活。步女士平时出去购物或者消费，总是从自己的主观角度出发，自己觉得这个产品好看，即使贵她也要买。一次，她去某商场溜达，看上了一台笔记本电脑和一部手机。电脑的零售价格为5500元，手机的零售价格为2000元。步女士就把这两件电子产品买回了家，晚上丈夫回到家，步女士就急不可待地展示新买的电子产品。当得知步女士消费了7500元购买了这两件产品之后，丈夫无奈地说，其实可以花更少的钱来购买同样规格的产品。

步女士非常生气，她认为丈夫这是在埋怨她花钱太多。一连几天，步女士都很生气，不和丈夫说话，也不看孩子。过了几天，一个老朋友来拜访步女士。步女士就向朋友说起这一件事，那位朋友看了看电脑和手机，笑着对步女士说："你可真有钱，钱多的你都没有地方花了。你知道这两件的电子产品实际值多少钱吗？两件最多值4500元。不信你到大的购物网站上查一查，你留着那3000元钱去买点什么不行？"步女士听朋友这么一说，就到购物网站上查了查，果然就像朋友说得那样。步女士这时候才意识到由于自己没有货比三家，一次性购买就多支出3000元钱。这可是相当于家庭月收入的1/3啊！

妙招之二：从网购和团购中找实惠

随着网络购物的逐步发展，许多现实中的产品都可以在相应的购物网站上买到。由于网络购物减少了货物储存等一部分的费用，所以相对其他的场所会便宜一些。服务水平较好，产品质量有保障，为什么不能让消费更实惠一点呢？

小张是一个初为人父的80后，他的月收入只有4500元。对于一些有固定尺寸和规格的产品，他总是从网上购买。网上购物，一方面价格比商场要便宜，可以省下一点钱；另一方面，送货上门也省下了小张不少的时间。时间累积下来，他可以用这一部分时间创造更多的财富。从这两个角度来说，网络购物也成为其理财的一种方式。

网络购物的进一步发展，网络团购又成为更省钱的一种购物模式。到一些服务水平较好的团购网站，购买标准化和规格化的产品，省钱其实会更容易。

对于孩奴一族来说，只要想去省钱，在实际的消费中总能理出钱来的。红女士是一个很会持家的主妇，对于孩子的日常用品以及家庭的其他消费她都会精打细算，能少消费一元的，她绝不多消费一元。这一段时间，她发现团购确实能省下不少钱。就拿前几天带孩子去看电影来说吧！她参加了团购，原价75元的价格，团购竟然只需要30元。之后，家庭所需要的用品，只要是有固定规格的，红女士都去团购。每个月仅日常消费就能为家庭节省下约1000元。整年下来，家庭的生活水平保持不变，红女士竟然从日常生活中节省下来1万多元。

妙招之三：敢于第一批吃螃蟹

对于一些日常的生活用品来说，经常会有一些新的品牌出来。新的品牌刚一推出来，一般都会有一个优惠促销的阶段。同样的日常生活用品，在同等质量的前提下，只要孩奴一族敢于第一批吃螃蟹，省钱其实只是一种习惯。

白女士是一个非常会过日子的主妇，她一边带孩子，一边打理着家庭的日常生活。虽然丈夫的月收入在2万元以上，但是在日常生活中能省下来的钱她绝不去过多的消费。她非常关注日常生活用品以及其他和生活有关的消费品：哪个市场的某些产品便宜，处在一个什么样的价位，她一眼能就看得出来。对于一些新出的品牌，她总是去关注其质量和厂家的服务。厂家为了推广新的产品经常会有一些促销及优惠的措施，白女士总是抓住这样的机会去做第一批吃螃蟹的人。由于第一批客户，对于厂家来说，是一个很重要的消费群体，厂家承诺的优惠都能实现，所以白女士经常能享受到特殊的优惠。当身边的人得知优惠的消息之后再去进行消费，许多的人都错过了最佳的时机。白女士实际消费的资金，是整个家庭预算的1/2，每年都能为家里节省下一笔不小的开支。

妙招之四：购物少刷卡

孩奴家庭一般事情都比较忙，所以在购物的时候一般都会直接刷卡。人们都有这样一个体会，如果拿着2000元的现金到超市去购物，结账的时候，数着一张张的钞票，可能会有一点心疼的感觉，下次再购物就会把紧一点钱袋子。如果直接去刷卡，对于这2000元钱并没有什么感觉。刷卡无形中会多消费出去许多的家庭财富。

郑女士有一个三岁的女儿，丈夫是一家网络公司的技术总监，一个月的收入约为2万元。对于郑女士来说，虽然家庭有条件去用信用卡消费，但是她去购物从来不刷卡。每次在去购物之前，她先做一个规划，这些消费品大约需要多少钱，她就把钱准备好。如果实际购买的时候超过了规划的数额，她就会取消一部分暂时不用的商品。身边的朋友都笑话郑女士："你太老土了，现在谁不用信用卡就你还用现金购物？"郑女士只是笑着说："我对于信用卡，还是用得不太习惯。"五年下来，郑女士竟然节省出了5万元的财富。这5万元对于郑女士的家庭来说，虽然不是太多，但是也是一笔可观的财富。

孩奴一族的家庭，只有将手中有限的资金做一个合理的规划，才能让整个家庭走上正常的轨道。在规划好孩子的相关消费之后，其他方面的支出也要有一个相应的保障。在日常的生活中要学会节省，可以省下来的财富一定要省下来，这对于家庭的理财投资及未来的发展有很大的益处。

第十章
白领家庭怎样理财

　　对于都市白领一族来说，由于其每个月的收入都是一定的，再加上疯狂购物等许多的过度消费行为，白领一族在结婚后很难积蓄下财富。为了面对以后的人生，为了让未来有更好的生活，在想办法增加家庭收入的情况下，白领家庭一定要做好投资理财的工作。一方面，要积蓄下一笔财富；另一方面，适当进行一些投资理财，或者去自主创业。这样白领家庭的未来生活，将会是富足而幸福的。

第四十二节　疯狂购物的行为要不得

对于一些新成立的家庭来说，一般都很难有积蓄，尤其是刚结婚的白领一族。由于他们已经习惯了用购物来安慰自己的心灵，所以在短时间内让他们停止疯狂的购物行为，还真得采用一些必要的措施。白领家庭只要能坚持采用下面几项措施，时间一长家庭中就会拥有一笔财富。

措施之一：要有一个家庭的理财规划

对于单身的白领来说，每个月发了工资，他们之所以疯狂地去购物，根源在于他们没有一个理财的规划。结婚之后，许多的白领们仍然没有意识到要为家庭积蓄财富。这个时候，制定一个合理的家庭理财规划，可以从根本上限制疯狂的购物行为。

东女士是一个典型的购物白领，结婚前她每个月都要买新衣服、化妆品、新鲜的玩具等。只要发了工资，不管自己是不是需要，她都要去购买，以至于每个月手里都存不下钱。结婚以后，东女士还是那样的疯狂购物，不仅把自己的工资花光了，老公的那一份她也消费了个大半。几个月之后，夫妻两人觉得这样不行。于是，夫妻两人制定了一个十年的理财规划。十年之内，要积蓄下来20万元的财富，还要贷款购买房屋。自从有了这个计划之后，每个月工资一到账，东女士就先把规划之内的钱存起来，然后再盘算着个人消费。东女士每个月的工资是2000元，丈夫每个月的工资是6000元，每个月家庭的总收入是8000元。东女士先把自己的2000元的工资存到银行，然后再拿出1500元来偿还贷款，余下的4500元要用来支撑整个家庭。十年之后，东女士的家庭不仅拥有了一套100平方米的房子，而且还拥有了20万元的储蓄。把家庭的收入真正用在需要的地方，这是理财规划的作用之一。

措施之二：把购物激情变成投资热情

对于白领一族来说，由于其生存环境的特殊性，有一种疯狂购物的激情也是可以理解的。如果能把这一种购物的激情转变成一种对于投资的热情，那么对于整个家庭来说将会是一件十分利好的消息。把用于购物的那一部分资金去投资一些理财的项目，为家庭带来一笔小小的财富，这也成为白领一族成长的标志。

相女士是一个很有购物激情的白领，只要一有时间，她就会跑到大的市场或者超市去购物，不管她是不是需要这些物品。结婚以后相女士的这种激情，不但没有收敛，反而愈加强烈。丈夫发现这个问题之后，就和相女士沟通："我们已经成立了自己的家庭，还那样疯狂购物，手里不积蓄一些钱，以后面对人生中的坎坷，拿什么去应对呢？"相女士听丈夫说的话也很有道理，但是她就是管不住自己的手，因为她有一种疯狂购物的冲动。在夫妻两人经过长时间的沟通之后，丈夫终于想到一个办法。让相女士每个月都拿出一部分钱去投资一些理财的项目，理财的目的是为了取得一点收益。这部分收益不论多与少，只要不赔进去就行。相女士尝试着每个月都用空闲时间去关注投资的理财项目，半年下来竟也得到了5万元的收益。5万元相当于他们整个家庭半年的收益。相女士把自己对于购物的激情转化为去投资理财项目的热情，并取得了不错的收益。去投资理财项目，这对于相女士的家庭来说是一件非常好的事情。

措施之三：限制疯狂购物摆脱月光的怪圈

有一部分白领，由于长时间养成的疯狂购物习惯，要在短时期内改变很难。以至于有些白领在结婚以后非但没有改变疯狂购物的习惯，反而愈加严重。在这种情况下，不妨采用一定的限制措施来摆脱疯狂购物的坏习惯，让整个家庭走上一个正常的轨道上来。

元女士是一个非常会消费的人，每个月她都会去疯狂购物，手中的钱每个月都会花得一分不剩。结婚以后，元女士更是变本加厉，丈夫的工资也成了她疯狂购物的资本，每个月下来整个家庭没有一分的积蓄。以至于，有时候工资没有按时到账，两个人的手中连吃饭的钱都没有，只能守着满屋子的衣服饿肚子。对于元女士来说，她自己也意识到老是这样疯狂购物对于整个家庭来说不是一件好事。但是，她就是管不住自己，一到超市或者商场的门口，她就情不自禁地走进去。看到一些喜欢的衣服、化妆品以及其他好的商品，她的心里就像长了草，只要不把它们买回家，她吃饭也吃不好，睡觉也睡不好。为了解决这个问题，夫妻两人经过商量做出了一个决定来限制元女士购物。家里的信用卡全部锁起来，现金按照天来计算，每天都给元女士固定的数额。每当元女士走进商场或者超市，想要再去购买某件衣服或者鞋子的时候，手头上没有足够的钱，这样就迫使她放弃购物。对于元女士来说，刚开始这样做确实很残酷，但是慢慢地元女士就成了溜达一族。经常到大的商场或者超市去溜达上一圈，但是不去购买那些物品。一年以后，元女士的家庭积蓄起了10万元的财富。当看到银行的存款有10万元之后，元女士也觉得限制自己疯狂购物起到了积极的成果，这个成果还要继续保持下去。

措施之四：空降"吝啬鬼"掌管家庭的财务

对于一个家庭来说，如果夫妻两人都是白领，那很有可能会出现两个人都疯狂购物的问题。如果出现这种情况，就不能采用一般的措施来解决，因为两个人都存在问题，措施不能同时由自己来制约自己。这时候，最好空降一个"吝啬鬼"来暂时掌管家庭中的财务，等到两个人摆脱了困境，再采用其他的常规措施。

卫女士和丈夫两个人都属于白领一族。由于长时间养成的习惯，只要一发工资，两个人就去疯狂购物。结婚已经快一年了，两个人没有孩子，但是一分钱也没有存下来。两个人在商量之后，决定对自己狠一点，让卫女士的母亲来掌管家庭的财务。每个月工资发下来以后，他们都全部上交到财务主管卫女士的母亲那里。如果需要支出的，就要先去申请，如果主管不批，就不能去消费。刚开始的时候，这对于卫女士和丈夫来说十分别扭，想去购物，财务主管不批，就只能干看着，什么也买不了。每次到了商场或者超市，看到喜欢的服装、化妆品或者其他的产品，两个想买也只是想想。回家和财务主管申请，大多数情况下都得不到批准。夫妻两人就在这种十分拮据的状况下过着日常的生活。有好长一段时间，卫女士没有化妆品用，丈夫没有烟抽。在经过一年"吝啬鬼"的控制之后，卫女士的家庭竟然拥有了10万元的积蓄，这让两个人十分惊讶。原来，空降一个"吝啬鬼"财务主管，竟能长出这么多的钱。其实，这一笔钱不是生出来的，而是理出来的。

对于一个家庭来说，能够用于消费的钱毕竟是有一定限度的，不管是收入水平高的，还是收入水平低的。如果一味疯狂地购物，手里一有了点积蓄，就盘算着如何去把它消费出去，那么不论多久，你的家庭也不会有存款。所谓的家庭理财，也没有任何的意义，更是无从谈起。

第四十三节　组合投资得到更多收益

　　一般来说，白领家庭只要能控制疯狂购物的习惯，及时做好财富的积蓄，用不上几年就会拥有属于自己家庭的第一桶金。一旦拥有了第一桶金，接下来就要做好相关的投资理财。在投资理财的过程中，选择好的项目就可以为家庭带来更多的财富。对于白领家庭来说，在具体投资理财项目的时候，一定要注意三个基本的投资要点。

要点之一：选择适合的理财项目

　　虽然对于白领家庭来说，其整体收入不算太低，但是在具体投资理财项目的时候，还是应该注意选择适合自己家庭的项目。因为，每个家庭的现状和未来走势毕竟不一样。

　　叶女士的家庭是一个白领家庭，夫妻两人都是月收入4000元以上的打工族。经过几年的积蓄，他们的家庭有了约10万元的收益，面对着现实的压力，看着周围人的迅速发展，夫妇两个也想去投资一个理财的项目，以取得一些收益。叶女士看到许多的朋友都去投资购买股票。投资股票看上去十分有技术含量，而且给人感觉很有品味。于是，叶女士拿出5万元去投资股票。由于叶女士对于股票基本没有什么研究，甚至一些基本的常识也是一知半解。在持有股票的半年时间里，叶女士基本上没有为家庭带来多少收益，相反还亏损了一部分。叶女士在和丈夫沟通以后也深刻地意识到，自己没有选择好适合自己的项目。对于股票，自己就是一个门外汉，拿着家庭的积蓄去进行所谓的"投资"，失败是早已注定的。在进行了必要的总结以及对自己的家庭现状和市场做了一个认真考察之后，叶女士决定投资开办一家餐馆。这家餐馆专门为上班一族提供外卖，叶女士又投资为餐馆开了一个小的网站，提供网上订购服务。半年下来，竟然得到了3万元的收益。投资股票而损失的那一部分积蓄在餐馆上得到了补偿，而且还有了一点收益。

要点之二：认清单一投资模式的弊病

在投资理财项目的时候，最好不要选择单一的投资模式。投资某一个理财的项目，如果成功了就可以得到一笔不错的收益，但是，白领家庭也必须面对现实：成功不一定总是属于自己的家庭。

小牛夫妇都是白领一族，两个人的月收入共有9000元。在经过了三年的积蓄之后，他们拥有了10万元的财富。两个盘算着去投资一个理财的项目，以使得现有的财富实现一定程度上的增值。小牛夫妇对于股票、基金之类基本没有什么知识储备，所以他们在选择理财项目的时候，并没有去投资股票和基金，而是选择了一个更实际的项目。夫妻两人投资去开了一家服装店，他们的想法是：人都是要穿衣服的，只要坚持下去，服装店肯定会得到收益的。在服装店开始营业的第一年，夫妇两个得到了约10万元的收益。但是，在服装营业的第二年，由于市场已经饱和，再加上经济危机的影响，一年下来基本没有什么收入，还折进去一部分本钱。整体算下来，两年的理财所得，也就13万元多一点。夫妻两人在经过一番调查研究之后，终于明白了一个道理：单一的投资项目有一定的弊病。由于所有的资金都投资到了这个项目上，如果投资顺利，所得到的收益相对是丰厚的；如果投资不顺利，投资者所遭受的损失也是巨大的。第三年，小牛夫妇决定把用于投资服装的资金分成三份，投资于不同的项目。

要点之三：对于组合投资要有足够的信心

为了避免单一的投资模式所带来的未知风险，可以采用组合投资的模式。所谓的组合投资模式，就是将投资的资金分成若干份，每一份用于投资不同的项目。这是一种类似于化整为零的投资方式，虽然表面上看每一个项目都得不到太多的收益，但是综合起来看，其收益还是很可观的。

钱女士每个月的收入是4000元，丈夫每个月的收入是6000元。作为白领一族，他们的收入还算是丰厚。进行了几年的积蓄后，钱女士的家庭拥有了10万元的积蓄。于是，夫妇两个开始投资一些理财的项目。在投资之前，两个人做了细致周密的计划。他们为自己投资理财做了一个非常明确的规划。以年度为单位，每一年最少要取得所投资金1/100的收益。夫妇两个决定第一年投资3万元去经营理财项目。为了降低投资所带来的风险，他们将3万元分成3份，每1万元去投资不同的项目。经过一年的投资实践，3个项目中第一个项目取得了较好的收益；第二个项目没有取得收益还赔了一部分；第三个项目没有取得什么收益，但是也没有赔进去。整个一年的投资，为钱女士的家庭带来了1万元的纯收益。如果钱女士的家庭用3万元去投资单一的项目，如果投资的是第一个项目，那时他们会得到一笔很不错的收益；如果投资的第二个项目，那么他们会损失很大一部分财富；如果去投资第三个项目，基本不会得到什么收益。组合投资让钱女士的家庭，一方面得到属于自己的收益，另一方面，也将理财投资所带来的风险降到了最低。

白领一族在进行理财投资的时候，可以采用高低风险搭配的组合投资方式。高风险的投资项目，它可以带来较高的收益，低风险的投资项目，它可以带来较稳定的收益。在实际的投资过程中，高风险的投资份额占1/3，低风险的投资份额占2/3。这样一种组合式的投资方式，对于白领一族来说，是一种不错的理财投资方式。

　　丁女士和丈夫都属于打工的白领，在经过三年的积蓄之后，丁女士的家庭积蓄起了10万元的财富。看到身边的朋友都去投资理财项目，于是夫妻两人商量也去投资几个理财的项目，以使得家庭的生活更上一个台阶。充分考虑到自己家庭的现状以及对于投资理财知识的掌握程度，夫妻两人决定分两类进行组合理财投资。拿出1万元的积蓄去投资基金，对于这部分投资夫妻的定位是只要能取得部分收益，不赔进去就可以。拿出2万元的积蓄去投资开一家小卖部，虽然开小卖部看上去不起眼，但是却可以取得一笔不错的收益。对于丁女士的家庭来说，投资基金的风险相对较大，他们只投资1万元。对于小卖部的投资风险相对较小，所以丁女士投资2万元去经营它。一年之后，基金的收益比预想的要好，小卖部也取得了喜人的利润。整个投资算下来，丁女士的家庭得到了约5万元的收益。这对于她的家庭来说，是一个不错的选择。夫妻两人又算了一笔账，就算用于投资基金的钱全部打了水漂，他们的家庭仍能够得到一笔财富。夫妻两人惊奇地发现，这种高低搭配的投资方式真的很适合她们的家庭。第二年的投资理财，丁女士夫妻仍是采用高低搭配的投资理财方式。

　　对于理财投资者来说，"别把鸡蛋放在一个篮子里"，这是一个最基本的常识。投资理财产品是有风险的，所以采用组合投资的方式是比较稳定、比较有保障的。即使某一种产品没有得到收益，甚至是亏了本，还有其他的几种产品可以补上。

第四十四节　拓宽家庭收入的渠道

对于白领家庭来说，夫妻双方的收入都有一个固定的数额。一个月3000元也好，一个月5000元也罢，每个月都能得到一定数额的收益。而一旦成立一个家庭，其潜在的消费项目很多，白领夫妻要为潜在的消费做好财富的积蓄以及投资。这就需要白领双方能扩大家庭的实际收入，让家庭中有更多的财富可以用来进行消费和投资。白领要想为家庭创造更多的财富，可以有以下几种方式。

方式之一：在公司发挥更大的作用

一般的白领都是在公司打工。现在的公司中，白领要想得到更多的收益，一般只有两条路：第一，就是在所就职的公司尽快实现升职，这样就可以得到更高的待遇；第二，就是跳槽，换一家更好的公司来实现加薪的需求。

桑女士是一家广告公司的小业务员，每个月的工资只有2000元。在经过一年的锻炼之后，她的业务水平有了很大的提升，每个月都能为公司创造10万元以上的收益。公司的领导很看好她，在对桑女士的薪水连提三级之后中，提升她做了一个部门的主管。桑女士的待遇，由原来的2000元上涨到了1万元。她由一个底层的小职员而一跃成为公司的高管。

她之所以能实现这样的提升，是因为她在公司中发挥了更大的作用。对于公司来说，一个员工发挥的作用有多大，只有一个衡量的标准，那就是能为公司创造多少的利润。也就是说，只有为公司挣到更多的钱，个人的收益才能得到相应的提升，这是白领加薪的一条潜在的规则。

温先生是一家公司的小职员，一个月的工资是3000元。他在日常的工作中表现很突出，再加上他平时爱学习，所以个人的工作能力得到了不断提升。但是，由于他所在的职位不能直接为公司创造利润，所以在公司领导的眼里，温先生只是一个被廉价使用的劳动力而已。每当温先生的能力有重大提升的时候，公司都会把更多的任务压到他的肩膀上，但是从来不提加薪的事情。温先生也曾经主动提出过加薪的申请，但是公司给出的回复是要再考核一段时间，或者干脆没有回复。温先生意识到，这一家公司对于自己来说没有太大的前途，要想得到更高的收益，只有一条路，那就是跳槽。温先生离开就职的公司之后，经过了几轮的面试之后，他在另外一家公司找到了新的工作，每个月的收入是6000元。在这一家公司，温先生充分发挥了自己的才能，在承担更多工作的同时，也得到了属于自己的那一份收益。

方式之二：空闲时间做一些兼职

对于一部分白领家庭来说，一方面，家庭每个月都要消费一部分财富；另一方面，在一定的阶段内工作的收入水平又会有一定限制。这时候，不妨在工作之余做一些兼职的工作，这样也可以为自己的家庭创造更多的财富，以此来弥补因水平的限制而带来的收入水平有限的困惑。

张先生是一家公司的普通员工，他在工作中认真负责，公司的领导也对他十分看中。但是，由于受他所在的公司整体效益以及他所在的职位等限制，每个月的工资只有3000元。进一步的升职还需要一定的时间，如果跳槽去别的公司，还存在一定的风险。这时候，张先生选择了在空闲时间做一点兼职的工作，让自己的家庭得到更多的收益。张先生利用空闲的时间为一些出版社编辑校对一些图书，按照他的工作量，一个月也能得到2500元的收益。这样算下来，张先生每个月可以为他的家庭带来约5500元的收益，在无形中也实现了升职。

冯先生是一个白领，他每个月的工资是2500元。因为工资的水平比较低，所以其工作的强度和工作量都不太大。不像其他的白领一样，下班之后就想躺到床上一觉睡到第二天中午。他是从事摄影摄像方面工作的，所以经常在周六、周日或者假日的时候，有一些摄影摄像的兼职工作。每出去拍摄一次，他都会得到500元的收益，如果以年来计算，一年能得到3万多元的兼职收益。再加上正常的工作所得的收益，平均下来冯先生每个月可以为自己的家庭带来6000元的收益。

方式之三：适当的时候自主创业

对于白领阶层来说，在为公司工作的同时，如果能够仔细观察所从事的行业中有哪些可以自主创业的机会，不妨抓住机会，开创一份属于自己的事业。自己当老板，事业一旦成功，其所得到收益还是很可观的。

陈先生是一个打工的小白领，就像其他的打工族一样，每天过着早九晚六的生活。他拿着一个月3000元的工资，一面应对各方面的压力，一面寻找着属于自己的机遇。陈先生是一家教育辅导机构的老师，他在做了半年的一对一辅导之后，得知有许多的家长想从互联网上得到各科目的练习试题。陈先生就在想，如果自己建设一个网站，这个网站平台可以下载许多的试题，每下载一套试题收取一定的费用，那岂不是一笔很不错的收益？于是，陈先生从公司离职，一心经营他的教育网站。他一边用自己的积蓄建设了一个教育网站，一边通过一些出版商和教辅运营商购买到一批电子版本的试题。他以10万套试题为基础建设了一个网站。他投资了5000元，将网站平台建设好。经过三年的运营，陈先生的电子版试题就已经为他带来了2000万元的收益。从一个月薪3000元的小职员，一跃而成为一个年收入近千万元的企业家，陈先生正是抓住了自主创业的机会。

方式之四：让自己的工作能力为自己创收

对于一些白领来说，他们只是天天去工作。对于所创造的价值和自己所得到的收益之间到底有多大的差别，却从来没有认真想过。如果自己为公司创造的价值很高，而个人得到的收益又太少，就要让自己的能力为自己创收。

小弓是一家图书公司的销售人员，公司给他的工资是每个月3000元。在为公司工作的前半年里，小弓并没有意识到自己创造的价值和实际收益之间的差距。直到有一天一个朋友提醒了他，小弓每年为公司创造约200万元的价值，而自己只得到一点点的回报，这明显是被当作廉价劳动力来使用的。于是，小弓在一个合适的机会向公司的领导提出加薪，但是公司的经理却说他太看得起自己了，因此他的申请并没有得到批准。小弓意识到，公司的领导只是把自己当成一个赚钱的工具，虽然自己很努力地工作，为公司创造了很多的利润，但是自己的收益却一点也没有得到提升，于是小弓离开这一家公司。由于他对于图书销售行业很熟悉，能准确把握好市场发展的方向，他和另几个出版社建立了销售联盟。5年之后小弓拥有了一家属于自己的公司，年收入在5000万元以上。在一次偶然的机会，当年的经理来到小弓的公司面试，原来他打工的那家公司由于不注重人才而破产了。

对于一个家庭来说，在改善生活水平的道路上，一定会有许多需要消费的地方，如果只是一味地节约或者投资理财产品，其所得到的收益毕竟是有一定限度的。为了有一个更好的生活，最好的办法就是提高家庭的经济收入。一个月收入5000元和收入1万元，肯定是不一样的。

第四十五节　养成使用记账本的习惯

白领家庭都是年轻一族，他们对于记账并没有太多的兴趣，以至于每个月都积蓄不了多少财富。对于白领家庭来说，如果能好好地用好您的记账本，养成一种好的消费习惯，那么几年下来，就可以为家庭理出许多的财富来。在具体操作的时候，只要做好以下的四项工作，就可以让家庭的财富积累更上一个台阶。

工作之一：记下每个月的收入

对于一个白领家庭来说，由于其每个月的收入都是固定的。在具体消费的时候，每一笔的消费都应该是对于家庭有意义的。否则，用不了多久，家庭的财富就会被消费一空。之所以要记下来每一个月的收入，是为了在支出的时候能够做到心里有数。一年之后，对于整个家庭的收益做一个汇总，就能整体了解整个家庭的收入水平。

小花和丈夫都是打工的白领一族，她每个月的收入是2000元，丈夫每个月的收入是6000元。平时有空闲的时间，夫妻两人就做一点兼职，以增加整个家庭的收入。每个月整个家庭的总收入都不相等，有的时候多一些，有的时候少一些。小花每个月都做好收入的记录，这一项工作虽然看上去并没有多大的意义，但是实际上它有重要的意义。上个月小花的家庭总收入是15000元，这个月的总收入是14000元，比上个月少了1000元。下个月的预计收益可能还会增长一些。有这样一个具体的数据，在消费支出的时候，就应该根据实际的收入水平调整整个家庭的消费投资。上个月的消费总额是5000元，而这个月由于总的收入水平降低，所以消费水平也要调低，从5000元下降到4000元。如果没有一个收入的统计数据，只是模糊地觉得就是那么点钱，在消费的时候，上个月什么水平，这个月还什么水平。时间一长，整个家庭的财富积蓄就会受到影响。

工作之二：每项支出都要记下

对于一个白领家庭来说，其整体的收入水平是一个相对容易记录的项目。每个月家庭的总收入是多少就是多少，没有一个可以自主变动的空间。但是，支出项目却是可以调整的，而且是可做大幅度调整的。根据不同时期的收入情况，对于支出做出适合的调整，这对于保持整个家庭的生活水平有巨大的积极作用。调整家庭支出的幅度，这也是记账本的作用之一。

小任和丈夫都是白领一族。丈夫每月的收入是5000元，小任的月工资为3000元，她的家庭每个月都有8000元的固定收入。对于家庭的日常支出，每一笔她都详细地记录下来。翻开小任的记账本，按照年度、月份、日期来分类，每天支出多少钱，用于哪些方面的消费，在她的记账本上都可以看得清清楚楚。到了每个月的月末，小任都会做一次汇总的计算，在这8000元钱中，有多少是用于家庭积蓄的，有多少是用于日常消费的，有多少是非日常消费的……在做一个详细的支出汇总之后，哪一些项目是可以不消费的，哪一些项目是必须要消费的，她的心里都十分清楚。在下个月消费支出的时候，对于可有可无的消费项目，她一定会取消。然后，把节省下来的钱用于整个家庭的积蓄。一年下来，小任从一些可有可无的项目支出中为家庭节省下来约1万元。这1万元相当于两个人一个月的工资，对于他们的家庭有着十分积极的作用。

工作之三：大宗消费项目做好提前规划

白领家庭，在收入相对稳定的情况下，经过一段时间的收入与消费账目的记录与汇总，总会寻找出一个适合的消费方案，从而使整个家庭财富处于一种良性的运行状态。在这个时候，一定要做好大宗消费项目的规划，这种规划要体现在记账本上。如果大宗消费项目没有做好规划，很可能很长一段时间的财富积蓄就会被消费一空。

宁女士是一个新婚的家庭主妇，她还不是特别熟悉理财。听说许多的家庭都有属于自己的记账本，于是她也把每个月的收入和支出记在本本上，也好对于整个家庭的经济状况有一个详细的了解。宁女士和丈夫都是上班的白领，她每个月的收入是3000元，丈夫每个月的收入是4500元，每个月她的家庭都会有7500元的固定收入。经过几个月的记账，宁女士把所有能省下来的支出项目全部排除在消费的行列之外，半年下来为她的家庭节省出来6000元的财富。这6000元的财富，差不多是整个家庭一个月的收入。但是，在以后的一次消费支出中，宁女士没有对于家庭的大宗消费项目做好规划，这让她辛苦半年理出来的财富一下子全部消费了。宁女士非常想买一台笔记本电脑，在辛苦节省了半年之后，她终于有了这样一笔钱，于是她就高兴地用6000元钱购买了一款笔记本。

由于宁女士没有提前做好这个规划，只是把笔记本买到家之后，在账本上做好相应记录。一个月以后，这一款笔记本价格下调了约1000元。两个月之后，价格又下调了500元。这使得宁女士十分难过，如果自己提前规划购买笔记本电脑的事情，选择一个价格适合的时期去购买，不就可以为家庭节省出一笔钱吗？有了这一次的经验之后，宁女士的家庭再消费大宗的项目时，都会提前三个月在记账本上有一个预算案。在宁女士家庭购买洗衣机的时候，她提前三个月就在记账本上有一个预算。然后一边关注洗衣机的价格趋势，一边从其他日常项目中理出更多的钱来。三个月之后，宁女士以1000元的价格购买了一款不错的洗衣机，比平时的市场价少了500元。而且，这1000元中有500元是从日常消费中理出来的。从宁女士家庭的角度考虑，仅这一大宗消费项目，她就节省了1000元。

工作之四：记出一个好的理财道路

白领家庭的记账本，在使用一段时间之后，就要对于整个家庭理财做一个详细的分析。从整体上把握好家庭财富的走势，对于一些不利于家庭的支出和投资项目，要让它们从账本上消失。每一个阶段，都让整个家庭的财富有一定数额的积累，这样的账目可以让家庭走上正轨。

方女士是一个会记账的白领，她除了把每个月的收入和支出详细地记录下来外，还对每个阶段的消费计划做出一个适合的方案。每一年都有一个大的消费预案，每个月有月度的消费预案。在这个预案中，计划要消费的金额、所要购买的大宗物品等，都有一个系统的规划。在具体消费支出的时候，消费的金额，要尽可能低于预算。方女士的细心让人佩服，某个月由于多支出了1元，账本上找不到消费的地方，她竟然能找出来，是一次出门买了一块雪糕，没有及时地记录到账本上。方女士经过三年的记账后，为她的家庭多理出来了5万元的财富。对于这多出来的5万元，他们完全可以用作买房首付中的一部分。一个小小的账本，为方女士的家庭理出了一条宽广的大路。

由于白领一族的收入，每个月都有一个相对稳定的收入，所以只要做好家庭相应的规划，白领家庭是可以过上幸福生活的。对于每个月的收入，有多少用于积蓄、有多少用于消费、有多少用于投资，都要有一个具体的数额。千万不能月月都将工资花光，甚至把下个月的工资也消费大半，这样的话，很可能十年之后白领家庭还是没有一分钱的积蓄。

第十一章
退休后的财富怎样管理

对于老年人来说，退休以后要做好晚年的投资理财工作。在充分满足了老年夫妻的养老生活之余，如果还有大笔的财富，就应该有一个合理的规划和分配。一旦合理的规划和分配得到各方面的认可，就要尽快形成一份书面的凭证，这种凭证就是书面遗嘱。遗嘱是一个非常重要的法律凭证，不论是对于财富的拥有者，还是对于未来的继承者，都有着十分重要的意义。

第四十六节　养老投资要落到实处

对于一个家庭来说，经过几十年的辛苦经营，夫妻双方早晚会有退休的那一天。退休以后，夫妻双方的生活重点由创造财富转化为消费财富。那一部分为了退休以后养老而投资的财富，我们可以称之为养老金。这个养老金，一部分是退休金，一部分是前半生的积蓄，以及商业保险等所带来的收益。养老金如何来分配，不同的家庭可能会有不同的方式，但是，在整个的分配过程中，一定要注意三个关键的点。

关键点之一：财富总量要有一个准确的统计

虽然说老年人退休以后，家庭的整个收入没有以前多了，但是相关的统计打理工作，仍然不能放弃。不仅每个月的养老金数额要有一个准确的统计数据，而且整个年度的养老金数额，要做好相关的收入和支出统计，甚至未来一年的整体状况也要做好规划。只有对养老金总量有一个准确的统计，才能让退休后的消费及投资有一个更加合理的规划。

郑老师是一位退休的教师，他和老伴在两年的时间里相继退休。虽然退休后的经济收入没有以前多，但是郑老师还是坚持做好财富收入和支出的统计。郑老师每个月的退休金是3000元，老伴的退休金是1500元。两个人都有商业保险，每个月老两口又能得到4000元的养老金。对于郑老师老两口来说，他们每个月的养老金是8500元。两个人都是从事教师工作的，退休后没有什么大的奢侈品消费，所以基本一个月3000元就可以将老两口的日常生活维持下来。剩下的那一部分他们就存到银行里面，以备有急事的时候使用。三年后，老两口在维持自己的日常生活之余，还有了约10万元的存款。第四年的时候，郑老师突然患了眼疾，需要尽快动手术。整个手术需要约5万元。郑老师很轻松地就拿出了这一笔钱，不需要向儿女要一分钱。正因为郑老师夫妻对于自己的财富每个月都做好相应的统计，所以他们对可用于养老的资金有一个十分清醒的认识。应该消费多少，可以存下多少，他们都做到心里有数。如果老两口对于可用于养老的资金没有一个相关的统计，而是一味地有就消费、没有了再说。那么，一旦有一天遇到问题，他们很可能无力应对。

关键点之二：退休后的投资理财以保本为主

对于一部分养老金相对较高而且没有什么额外大宗支出的老年夫妇来说，一般手头都会积蓄一部分的财富。为了多取得一点收益，让有限的财富发挥出更大的效益，他们往往会去投资一些理财的项目。在选择理财项目的时候一定要注意，不要去投资风险高的理财项目，退休后的投资理财应该以保本为主要目的。否则，一旦有什么意外发生，对于老年人来说，承担不起因此而带来的后果。

老陈夫妻是一对退休的工人，他们觉得城市里的环境不好，所以就决定回到农村老家去养老。老陈夫妻每个月的退休金总共就4000元，再加上多年积蓄下来的10万元存款。虽然和以前的生活相比，日常生活中可以用于消费的资金减少了，但是由于农村的消费水平较低，所以每个月老两口还能有一笔节余。3年下来，也存了一笔5万元的财富。再加上多年积蓄下来的10万元，老两口拥有了15万元的积蓄。就在这个时候，

235

有一个亲戚找到老陈夫妇，拉他们去投资一个好的理财项目。据这个亲戚说，投资所得到的月收益最低是投资总额的30%。投资1万元，一个月能得到3000元的收益，投资10万元，一个月能得到5万元的收益……投资的数额越大，所得的收益也就越高。

刚开始老两口不相信这是真的。在观察了一段时间之后，他们发现身边许多的人都去投资这个项目。还有的在几年之内，就得到100多万元的收益。于是，老两口先是拿出1万元尝试投资。结果一个月之后，连本带利拿到1.3万元。第二次，老两口投资了5万元，3个月之后，连本带利得到了10万元的收益。于是，老陈就把手中的20多万元全部投资到这个项目之上。又过三个月，当他跟那个亲戚联系的时候，手机联系不上。找到他的家里，家里也没有人，向邻居打听，得到的结果是：他亲戚家里已经好几个月没有人了。当老陈去打听其他投资者的时候，他们也联系不到原来推广项目的人。后来才知道他们投资的所谓项目，其实只是一个放高利贷的非法组织编造出来的。老陈后悔当初自己不应该为了得到更多的利润，而拿着自己的养老金去冒这个险。还好他们还有每个月的养老金，否则，这一对老年人就只有依靠别人救济生活了。

关键点之三：为健康投资要有分寸

一般人到了退休的年龄之后，身体的整体机能就会慢慢地衰老和退化，这是一个正常的生理过程。对于退休后的老年人来说，一方面要将养老金进行合理的分配，拿出一部分资金来为自己的身体投资，尽可能让身体处在一种最佳的状态。千万不要为了省钱而不愿意为健康去消费。另一方面，也不要刻意地为了投资健康而去做过多的无用投资，让有限的财富打了水漂。

丁老师是一名退休的教师，老伴是一名退休的钢铁工人，两个人的养老金加在一起也只有3000元。丁老师平时生活特别节俭，能不买的东西，她都不去购买；能少消费1元钱，她绝不会多消费一分钱。去年冬天丁老师常常咳嗽，到社区的卫生所找大夫看，大夫说她可能是肺部有问题。社区的医疗条件差，不能给出一个确切的诊断，大夫建议到大一点的医院去做一个全面的检查。丁老师以前就出现过冬天咳嗽的问题，一听说要到大医院去做检查，她不愿意消费那一笔钱，就没有去检查。结果到了第二年的冬天，病情比上一年更加严重，连床都下不了了。老伴带她去大医院做了一个全面的检查，大夫得出的最后结论是，丁老师还有半年的时间，她这个病已经拖得时间太长了。如果丁老师在第一年冬天就去把病情检查清楚，并做好相应的治疗，她的生命可能会延续很多年。现在，只剩下老伴一个人，拿着收音机坐在小区的小亭子里。虽然丁老师省下了一笔钱，但是对于老伴来讲，钱并没有太大的意义。

由于退休以后老年人的家庭生活具有一定的特殊性，所以，不管是收入较高的，还是收入较低的，都要让有限的财富真正发挥其作用。对于一个老年人的家庭以及家庭成员来说，财富的最终目的是用来消费的。即使我们去做相应的积蓄和投资，也是为了得到更多的财富，为以后的消费打下一个良好的基础。只要每一笔财富都投资到适合的地方，这种消费就有意义。

第四十七节　大宗准遗产分配要公平

对于老年人来说，在这个世界奋斗了大半生，如果在离开这个世界之前身边还拥有大笔的财富，一定要做好遗产的分配。从个体的角度

来说，人都是有私心的，为了让身边的人有一个好的环境，也为了不让亲人因为遗产而发生太多的激烈相争，遗产的分配一定要公平。这就要求，财富仍旧掌握在老人手中时，对于准遗产做好合理的分配。在对准遗产进行分配的时候，大致可以分为三大类别。

类别之一：未亡人的养老财富

对于老年夫妻来说，如果有一大笔的财富在有生之年消费不了，那就要做好财富的分配规划。在规划财富分配的时候，一定要首先考虑到老年夫妻养老，这一部分财富是一定要提前规划出来。这一笔财富之外的那一部分财富，才可以作为未来的遗产进行分配。对于养老财富的部分，要尽可能将消费的数额扩大一些，以防止意外事件的发生。

老赵是一家公司的技术总监，前几年退休回到家中。由于她在退休前积累了不少的财富，再加上夫妇两人平时都很节省，所以退休以后，他们拥有将近3000万元的财富。相对于退休后老两口养老所需要的数额来说，这一笔财富老两口肯定消费不完，于是老赵就想对这笔财富做好分配。他规划拿出1/3，作为自己和老伴的养老金，其他的部分计划留给几个子女。老赵积累了许多的财富，到了退休以后确实应该好好享受一下生活。在对财富具体规划的时候，先留足老两口养老的部分，其他的再做以后的遗产，留给自己的子女们。这是对老两口负责，也是对子女负责。

类别之二：为社会捐助的财富

对于有一大笔准遗产的老年人来说，在留足了养老的部分之后，应该为社会捐助一部分财富，以使得更多的人得到应有的帮助。在捐助的时候，可以设立某一种奖金，或者直接用于实际的教育资助，或者用于特殊人群的养老互助等。这不仅体现出了一种理财的观念，也为自己和身边的人提供一份无价的财富。

钱老师是一个剧作家，他一生生活节俭，退休以后，他统计了一下半生的积蓄，竟然也有了2000万元之多。钱老师在为自己和老伴留下一部分养金之后，拿出1000万元建立了一项钱老师助学金。这一项助学金只针对生活暂时穷困的大学生，助学金没有利息，只是学生毕业之后，要在十年内还清这一笔助学金，用来资助更多的学生。钱老师的这一项理财规划，不仅仅是在为自己的家庭理财，而且还为社会规划出一笔不错的财富，让更多的人得到资助。

陈女士一个人生活，在退休后她过着俭朴的生活。对于手中的财富，她有着自己的规划。总额为2000万元的财富不能全部留给儿子，以免得儿子以后不成气。陈女士拿出1000万元捐赠给某救助机构，用于为那些孤儿以及其他应该受到特殊求助的人。陈女士的捐助，使得这个求助机构可以正常运转，并得到更多人的理解，而后又取得更多的捐助资金。当陈女士去世之后，儿子也参与到这一项事业当中，让更多的社会财富发挥其应有的作用。陈女士的理财，不仅为儿子安排了一个可以去开拓的事业，同时也为社会带来了福利。

类别之三：留给子女的财富

对于老年人手中的准遗产来说，不管它的数额是大还是小，都要留一部分给自己的子女，这是无可非议的。但是，在具体分配的时候要把握两个原则。第一个原则：子女多的情况下，要分配合理；第二个原则：根据子女现状分配，不要留给他们太多的物质财富。

对有的老年人来说，他们都有两个以上的子女，在对准遗产进行规划分配的时候，一定要让每一方都得到应得的那一份，不能多得也不能少得。如果分配不合理，很有可能给未来的家庭蒙上一层战争的阴影。

刘老太太的老伴走得早，在退休以后，她将积蓄的财富汇总到了一起。这样，刘老太太的手中约有1000万元的财富，在对这一笔准遗产进行规划的时候，她按照自己的意愿来分。刘老太太有两个女儿和一个儿子，因为她比较喜欢大女儿，所以她计划给大女儿500万，二女儿和儿子一人250万元。从老太太的角度考虑，财富是她的，她完全有权力自主分配。但是，当她将分配的计划告诉几个孩子之后，平静的家庭立刻掀起了波澜。二女儿和小儿子觉得母亲给两个人各留250万元，是在说他们两个是二百五。给大姐500万元，给他们两个各250万，这明显带有看不起的意思。二女儿和小儿子当时表决：把钱都留给大姐，他们两个一分也不要。老大看到这种情况，也对母亲的分配有看法，整个家庭陷入了一片混乱之中。刘老太太觉得钱是自己的，自己想给谁就给谁，而儿女们竟然都不理解她。甚至于，她非常喜欢的大女儿也对她有很大的意见。刘老太太一气之下，生了一场大病去世了。如果刘老太太合理地分配那一笔准遗产，也许她的家庭会更加和睦。

对于多子女的老年人来说，每个子女的发展状况都不一样。给予子女一定的遗产财富，是为了让他们过上更好的生活，但是如果给予太多，很有可能让他们没有了生存的能力，而成为一种只会享受的啃老族。

前几年，牛先生夫妻两人一起退休。由于两个人年轻的时候工作能力比较强，再加上又懂得多积蓄财富，所以在退休时牛先生夫妻拥有约5000万元的财富。老夫妻只有一个儿子，所以老两口规划将财富全部留给儿子。在一次意外的车祸之后，两个人离开了人世，这5000万元的财富全部留给了儿子。儿子小牛年纪轻轻就拥有了5000万元，天天像无业游民一样，也不好好工作，整天就是来回乱跑，跟一些小混混待在一起。没过几年，5000万元被他挥霍得一干二净，小牛变成了一个穷光蛋。由于小牛已经过惯了好吃懒做的生活，一旦没有了经济来源，他的生活一下子由天上落到了地下。他不愿意去工作挣钱，于是就和一伙人去干一些偷鸡摸狗的事情。最后，终于因为杀人而永远地与铁窗为伴。牛老先生夫妻，要是真的知道有这么一天，一定不会给儿子留太多的财富，而让他自己去创业。

对于老年人来说，在对准遗产进行规划分配的时候，要根据自己家庭的现状以及财富的数量，尽可能做到合理分配。合理分配不是平均分配，因为无论如何分配都不可能让所有的人都满意，这就要从现实的角度出发制定出一个适合自己家庭的规划。一旦对准遗产有了一个合理的规划，那么就要让这个规划上升到法律的层面。因为不上升到法律的层面，就得不到应有的保障，很可能出现原来的分配规划被打破，辛辛苦苦积蓄下来的财富变成了他人的财富，而真正应该拥有财富的人却一分也没有拿到。为了避免这样的事情发生，一旦确定规划，就要马上立一份书面的遗嘱，并到相关的部门去公证。

第四十八节 遗产分配要立遗嘱

有大宗财富的老年人，在对现有的财富做一个合理的规划之后，就要将分配计划书面化，这就是书面遗嘱。由于书面遗嘱是财富拥有人生前唯一留下的法律凭证，在立书面遗嘱的时候，一点也不能马虎。因为在财富拥有人去世之后，一旦有什么问题出现，就变成了一桩无头的公案。在立书面遗嘱的过程中，一定要把握几个要点。

要点之一：遗嘱要有书面的字据

当老年人对于所拥有的财富做了一个适当的分配之后，就要立一份书面遗嘱。这一份书面的遗嘱，可以作为日后继承者分取遗产的一个法律证明。如果没有立书面遗嘱，在财富拥有者去世之后，就会有许多的麻烦和纠纷。为了避免口头遗嘱所带来的不利影响，立一个书面的遗嘱是最好的方式。

老米有一笔巨额的财富，在他的有生之年，根本消费不完这一笔财富，所以他就想把这一笔的财富留给自己的儿女。但是，老米对死亡非常害怕，当身边的朋友劝他立一个书面遗嘱的时候，他总是以一种异样的眼神注视着对方，时间长了也就没有人再劝他。在一次突发的心脑疾病中，老米一句话也没有说就离开了人世。办理完了老米的后事之后，对于老米的财富如何来分配，成了一个很头疼的问题。儿女们不清楚老米到底有多少财富，也不清楚他的财富都放在哪里。最后，只能按照能找到财富数量，几个儿女平均分配了一下。后来，有些老米的朋友说，老米生前曾经借出去几笔钱，具体的数目不清楚。由于老米没有书面遗嘱，许多的事情只能不了了之。

要点之二：书面遗嘱要写清遗产的具体情况

一个人，如果有一笔巨大的财富，而且自己又消费不了，在活着的时候，就要尽早立一份书面的遗嘱。在遗嘱中要详细写明，自己所拥有的全部财富以及所背负的债务。全部财富要有一个清单：不动产有多少，现金有多少，存款有多少，有多少股票……对于遗产的持有证明，一定要有一个详细的交待。比如：存款的存折以及密码，房产证明以及其他的必要手续和证明。如果生前背负了债务，还要将债务的情况表述清楚。

老丁在退休后一个人生活。他这半生积蓄了一笔不小的财富，由于自己消费水平不高，有生之年这一笔财富只能消费一点点。自己的儿女都在全国各地打工，一年只能回来团聚一两次。老丁怕有一天自己突然不行了，儿女们因这一笔财富而生出许多事端，让自己在九泉之下不能瞑目。于是，老丁提前立了一份书面的遗嘱。老丁在遗嘱上写明：自己拥有2000万元的存款，金银首饰和器具若干，几件价值百万的古董……在这一份遗嘱中，老丁把所有的财富类型和数目都写得清清楚楚，并把相关证据的存放之处也写明。三个子女，每人都有一份，虽然数目不尽相同，但是都是根据实际情况来分配的。在一次吃团圆饭的时候，老丁找来公证人，让三个子女都认真阅读了这一份遗嘱，没有意见就在上面签字。两个女儿和一个儿子、公证人及老丁都在上面签字，然后老丁当着所有人的面将这份遗嘱存到保险柜里。三年之后，老丁突发疾病去世，子女们依照父亲生前的遗嘱，每个人拿到属于自己的那一份，整个家庭在老丁去世后并没有什么大的波澜，有的只是对于老丁的怀念之情。

要点之三：不要随便修改遗嘱

由于遗嘱具有特别重要的意义，尤其是对财富继承者和拥有者。所以，一旦一份得到各方认可的书面遗嘱立下来以后，不要随便去修改，以避免给家庭带来不必要的麻烦，除非有特殊的情况发生而不得不修改遗嘱。

蔡老太丈夫去世得早，丈夫早年给她留下一笔巨额的财富。蔡老太有三个女儿、两个儿子。在一次吃团圆饭的时候，突然提到了遗嘱的问题。于是，蔡老太当时就立了一份书面的遗嘱，并找到公证人做了公证。可是，半年以后，蔡老太觉得大女儿对她不好，所以就在儿女不知情的情况下，撤销了上一份遗嘱，又立了一份新的遗嘱。新遗嘱将大女儿所得的那一份财富分给了其他的儿女。又过了半年，蔡老太又觉得两个儿子对她不好，于是又修改了遗嘱。蔡老太就这样三番五次地修改遗嘱。几年之后蔡老太去世，儿女们手中竟然有五份不同的遗嘱。儿女们对于遗嘱有意见，最后到法院打官司。法院在充分考虑了各种因素之后，决定以第一份遗嘱为标准来对蔡老太的遗产进行分配。虽然最后这一件事情是平息下去了，但是邻居们都嘲笑蔡老太以及她的儿女们。整个家庭也因为这一件事情长期处于四分五裂的局面。

要点之四：遗嘱要通知所有继承者

遗嘱作为一种具有法律效力的凭证，由于涉及各方面的切身利益，所以财富拥有者在立遗嘱的时候，一定要让所有的继承者都在场。如果在继承者不在场的情况下立一份遗嘱，很可能在未来的执行过程中会有许多的问题，甚至存在巨大的风险，很可能让继承都得不到应得的那一部分财富。

老庄退休以后一个人生活，由于年轻的时候他下乡做知青，自己的亲生儿子在一次意外中失踪，老庄就收养了一个儿子。前几年突然在一次聚会上遇到了一位老朋友，那位老朋友带来了当年亲生儿子失踪之后的消息。老庄终于找到了想念了三十多年的亲生儿子。老庄手头有一笔巨额的财富，所以老庄就想立一份书面的遗嘱，两个儿子一人一半，这样也不至于以后有什么麻烦。但是，由于老庄立书面遗嘱的时候亲生儿子在国外，只有养子和公证人在场。于是，老庄就把立遗嘱的事情和亲生儿子打电话说了一下，并告诉他有一半的财富是属于他的。可是，等到老庄的亲生儿子回家以后，老庄已经去世。当他向老庄养子索要遗嘱的时候，却发现上面写着：养子是老庄财富的唯一继承人。兄弟两个因为这件事到法院打官司。虽然最后老庄的亲生儿子得到了自己的那一份财富，但是对于整个家庭来说，本来应该是和睦的相处，最后却是谁也不想见谁。养子害怕自己的那一份财富全部让老庄的亲生儿子拿去，自己到最后一分钱也得不到，就买通了公证人，篡改了老庄的遗嘱。如果老庄当初能在两个继承人都在场的情况下立下书面的遗嘱，并把相关的后事交代清楚，那么很可能他的两个儿子会和睦相处下去，而不至于成为仇人。

对于老年人来说，立书面遗嘱是一种对遗产分配的有效手段。只有对遗产做一个合理有效的分配，才能让以后的家庭有一个相对和睦的环境。人毕竟不是神仙，对于财富的分配，还是要清晰地体现在遗嘱上，好让财富的继承者有一个正确的认知，不至于在财富的拥有者去世之后，因为财富的分配不均，而产生许多不应出现的纠纷。

第四十九节　用好养老财富安度晚年

人退休了以后，不管是拥有许多财富的富人，还是只拥有少量财富的穷人，都要让手中现有的财富为自己营造一个和谐的生存环境来安度晚年。对于晚年的财富，不要去做过多的高风险投资，只要把身体维护好，能够健康快乐的生活，退休后的理财目标也就达到了。在对晚年有限的养老财富进行消费的时候，要注意从以下几个方向入手，争取做到平稳地度过晚年生活。

方向之一：日常饮食投资

退休以后，在对养老金进行消费的时候，首要是要打理好日常的饮食。俗话说得好"人是铁，饭是钢。"只有把日常的饮食抓上去，才会拥有一个好的身体。在平时吃饭的时候，不要吃过多的所谓的营养品。那种多吃补品就能拥有一个健康身体的说法，其实只是一种错误的引导。对于日常饮食的投资，还是要以日常生活中瓜果、蔬菜、粮食为首选。

老程夫妇两个都是退休的大学教师。他们每个月的退休金总数在1万元以上，因此他们有足够的资金去为日常饮食而投资。由于老程夫妇生活在城市小区里，每天出门的时候，总有一些推销营养补品的人，为他们讲一些所谓的健康知识。刚开始两个人不相信，但是时间长了，老程夫妇见别的老头老太太都买，也就跟着一起买。每一次都得消费5000元以上的养老金。在经过半年的服用之后，老程夫妇觉得好像吃那些营养品吃得有一点上瘾了，一天不吃就觉得全身都不舒服。后来老程生了一场大病，到医院做了个检查，才知道他吃的所谓的营养品对身体已经造成了损害。医生让老程马上停止服用那些含有激素的营养品，让他多吃一些蔬菜、水果、蛋类、奶类、肉类的食物，这样才能真正满意对于各种营养的需求，从而增强身体的素质。这之后，老程夫妇再也不相信那些所谓的营养保健品。好好地在日常饮食上下功夫，一天天调理自己的身体，老程的身体竟也越来越健康了。老程对于所谓营养保健品的投资，实际是走上了一个误区，虽然消费了许多的财富，但是却没有得到应有的回报，反而对身体产生了一定的损伤。

方向之二：疾病的预防和治疗

老年人随着年龄的增长，身体的整体机能慢慢开始衰老。在这样一种情况下，就要做好相应的疾病预防和治疗，让自己的身体尽可能在一种正常的状态之下运作。定期到医保定点医院去做一些常规的检查或者治疗，这样可以避免许多疾病的恶化，从而在一定的程度上挽救老年人的生活质量，甚至挽回生命。

老陈是一个退休的电视台记者，每隔三个月他都要到定点的医保医院去做一次常规的医疗检查。虽然每一次都要消费掉一部分养老金，但是老陈觉得这一份投资十分有价值。在一次例行的常规检查中，老陈被查出患上了肿瘤，还好发现得很及时，动了一个小小的手术，然后又做了一段时间的护理，老陈的身体很快又恢复了健康。虽然老陈为此消费了将近5万元的积蓄，但是他获得了一个健康的身体。

老金是一个退休的工厂工人，身体一向都特别好。他从来不去医院做相关的常规检查，只有到生病以后，实在难受得不行，才会到医院去做相应的治疗。一次，老金在和一个老工友下棋的时候，突然昏倒在了地上。众人把老金送到医院，在进行了一系列的检查之后，医院给出的结论是肺癌晚期。虽然老金手里有一大笔的财富，但是由于错过了最佳的治疗时期，他只能再活半年的时间。对于老金来说，他显然没有把疾病的预防放在心上，一旦真的患上了严重的疾病，拥有再多的金钱，也换不回生命延续的时间。

方向之三：到环境优雅的地方疗养

对于老年人来说，最好每隔一定的时间就拿出一部分积蓄，到环境优雅的地方去做一下疗养，让整个的身心都得到一次彻底的放松。在疗养的过程中，再结合必要的体育锻炼，对于老年人的健康是十分有益的。虽然这需要投资一笔资金，但是却可以换来一个健康的身体，让老年人有更多的时间去享受美好的生活，这一笔钱消费确实很值得。

老牛是一个退休的军人，老伴前几年去世了。老牛每个月的养老金只有2000元，在他生活的城市，只是一个普通的水平。但是，每到夏天的时候，他就会到老家去疗养两个多月。老牛的家乡，有山有水，到处是绿色的树林，很适合老年人去疗养。老牛每天一大早就爬到山上去锻炼身体，吃过早饭，拿着二胡到河边去唱上一段地方戏。在老家，由于生活水平相对较低，所以老牛的2000元退休金，除了可以维持自己的生活之外，还能给儿孙补贴家用。老牛的夏季疗养，可算是一举多得。一方面，让自己的身体比以前更加健康，少生了许多的疾病；另一方面，还为儿孙们减轻了一部分家庭生活的负担。

冬天的时候，老牛就到女儿家里去疗养。女儿的家，在一个偏远的小镇上，那里人口不多，但是冬天很热闹。因为女儿家的附近有一个小的旅游景点，所以一到冬天，就有许多冰雕、滑雪以及其他的人到来，生活在这里简直就是一种享受。老牛就在这里帮女儿和女婿照看烧烤的小摊。一方面，他看着来往的游人，心里有一种说不出来的自在；另一方面，也为女儿的家做出了一份自己的贡献。至于老牛每个月剩下的退休金，他全部拿出来资助外甥女读书。

方向之四：安排好身后之事

人一旦到了一定的年龄，就要为身后之事做好相应的规划。这并不是什么不道德的想法，而是一种对于人生负责的态度。每个人在离开这个世界之前，都会有一个逐渐衰老的过程。在生命的最后一个阶段，合理地安排好身后之事，可以让人生的最后一步也绽放出灿烂的花朵。这一部分投资，对于一个人来说，并不是一笔太大的支出。我们应该抵制过于铺张的办理后事，但是也不能完全不考虑身后之事。这体现了一种对生命的尊重。

在六十岁的时候，老何就拿出1万元，将自己身后之事、一应需要的物品和相关事项都打理清楚。虽然儿女们说这样不太吉利，但是老何还是按照自己的想法去做。这样做一方面，可以让老何活得更轻松，以一种更加坦然的心态去面对人生的最后一个阶段；另一方面，也避免了在自己去世后，儿女们过度地破费家庭的财富。当人的日常生活得到满足之后，其实对于一个生命来说，再多的金钱已经没有太多的意义。老何投资1万元去为自己的身后之事提前做好规划，这是一种严肃对待生命的价值观，也是人生最后一次的投资理财。当身后之事安排好了之后，老何就可以认真地活好每一天。快乐的生活，要比拥有一笔巨大的财富更能让老年人感觉到生命的意义和价值。

老年人退休以后，一方面，要安排好自己的晚年生活，拿出一部分积蓄投资到日常生活中，为晚年快乐的生活提供一个重要的保障；另一方面，对于消费不了的准遗产要做好分配的规划。分配规划制定好了以后，一定要立下书面的遗嘱，以免得身后的人因为财产的纠纷而生出许多的事端。

第十二章

"房奴"怎样投资

　　对于一个家庭来说，要去贷款购买房产，应该对自己家庭的整体收入状况做一个客观全面的认识之后，再决定是不是要去做房奴。因为偿还银行的贷款需要一个漫长的过程，在这个过程中，只有让整个家庭处在一种平稳的状况，房奴的生活才真正有意义。

第五十节　日常生活学会理财

生活在现代都市的人们，想要拥有一套属于自己的房子，变得越来越困难。房价虽然居高不下，但还是不能打破许多人买房的梦想，贷款买房成为许多家庭的选择。对于那一些被称为"房奴"的人们来说，由于每个月都要偿还一定数额的银行贷款，所以日常的生活就好像套上了一个枷锁。对于房奴一族来说，要做好日常生活的理财工作，就要落实几件实事，这样才能让家庭生活更加平稳。

实事之一：每月留足房贷资金

对于房奴家庭来说，当每个月的收入到账之后，首先要做的事情就是要及时足额地把贷款还上，然后再用剩下的钱去打理其他的日常事务。对于贷款的偿还额度和时间，银行都有相应的规定，如果没有及时还款，一旦银行调低个人的信用等级或者收回房产，对于房奴来说将是十分严重的后果。

伏先生夫妇两个到银行去贷款购买房屋，在交了5万元的首付之后，他们住进了新房。伏先生的月收入为5000元，妻子是全职的家庭主妇，一边在家看孩子，一边操持家务。伏先生每个月拿到工资，要先偿还银行1500元的贷款。如果伏先生连续三个月不能按时偿还贷款，银行就会回收房子，然后拿出去拍卖。按照每个月1500元的还款额度，伏先生要20年才能将贷款还清。对于伏先生的家庭来说，他们还要度过漫长的还款岁月，才能真正拥有这一套房子。

实事之二：不购买奢侈品

对于房奴一族来说，因为每个月都要偿还一定数额的贷款，再加上日常生活及其他项目的开支，所以整个家庭的压力非常大。在这样一种家庭背景下，千万不要去购买奢侈消费品，否则，可能对整个家庭的正常生活产生非常不利的影响。

成女士的家庭是房奴一族，丈夫每个月的收入为8000元。成女士是一个全职太太，就是负责日常的家务。每个月成女士的丈夫都要偿还银行贷款2000元，余下的6000元用于日常的生活。由于成女士没有孩子，所以她平时有许多的时间到大的商场或者超市溜达。成女士经常会买回来一些高档的衣服、化妆品以及其他的女士消费品。用于家庭日常生活的6000元，有一半都被成女士消费在奢侈品上。丈夫曾多次劝过她，别买太多的奢侈品，但是成女士坚持认为自己并没有购买奢侈品。只不过是花几千元钱买了一盒化妆品，几千元钱买了一身衣服而已。成女士的家庭，每个月都剩不下钱，还常常背负外债。终于有一次，丈夫出了车祸，在医院住了三个月，暂时失去行动的能力。房子被银行收回，家里又没有积蓄，成女士的家庭就这样彻底破败了。

实事之三：要留有部分积蓄

对于房奴一族来说，由于每个月都要偿还贷款，而且一般要持续15年以上，所以一定要有一部分的积蓄。当家庭发生意外，有一两个月没有多少收入，能有一部分资金来偿还贷款。

小计夫妻是一对刚结婚的年轻夫妇，为了能拥有一个属于自己的家，他们决定去贷款购买房产。小计每个月的工资为6000元，妻子的工资为1500元。小计的家庭，每个月的收入就只有这7500元的工资。每个月小计都要先偿还银行的贷款2000元，然后再用剩下的5500元去打理日常的生活。由于小计贷款购买的房子还处在开发之中，所以在这5500元中小计不得不拿出1500元去租房子。对于小计的家庭来说，能用在夫妻两人生活中的也只有4000元。由于物价的上涨，每到月底小计的家庭基本上没有什么存留。小计夫妻要想住进那一套房子，可能还要等上几年，要想真正拥有那一套房子，还要在全部还清贷款之后。

贷款买房半年之后，小计的爱人怀孕了。这是一件让他高兴的事情，但是同时也是一件让他感觉很沉重的事情。高兴的是，自己终于要当爸爸了；沉重的是，小计将面对更加残酷的生活。爱人不上班，家里能够用于实际支出的钱也就剩下2500元。在这2500元中，除了夫妻两人的日常消费之外，还要为孩子准备一部分积蓄。这对于小计的家庭来说，已经是入不敷出了。终于有一天，小计病倒了，家里可能用于消费的2500元都不够小计看病。他不得不推迟偿还银行的贷款，用那一部分钱来为自己看病。当小计消费了5000元，病好了从医院出来的时候，他不得不面对更加残酷的生活。贷款还要每月都还，而且还背上了不良记录。由于小计夫妻没有一定的积蓄，所以他的家庭在遇到紧急情况的时候，就会显得苍白无力。

实事之四：日常开支不能过于压缩

虽然房奴一族每个月要偿还贷款，还要应对日常的生活，整个家庭就会面临巨大的压力。但是对于日常的开支，还是不能过于压缩，以避免一味去偿还房贷，而正常的生活却面临许多问题。一旦家庭成员的日常生活出现某种意外的事故，即使拥有了房子，也没有太大的意义。

贝先生是一家企业的技术总监，每个月的工资为8000元。贝先生的爱人是一个全职太太。为了给家人一个好的生活环境，贝先生申请贷款购房。在交了首付之后，他的家庭成员住进了新家。贝先生每个月要向银行交2000元，用于偿还贷款。余下的6000元，用来打理日常的生活。贝先生非常节俭，平时上班早上只吃一个鸡蛋，中午是盒饭。下班回到家中，虽然劳累了一天，他也只是随便地吃点饭。对于贝先生来说，他为整个家庭创造了一笔财富，想让家庭成员尽可能过上好的生活，但是却只给自己消费非常可怜的一点点财富。几年之后，由于贝先生过度劳累，他的身体越来越差，终于在还完贷款的第二年就离开了他深爱的家，永远地离开了这个世界。贝先生的爱人，只能一个人和孩子生活。由于贝先生的爱人年轻的时候就是全职的家庭主妇，到了中年只剩下自己来支撑整个家，她觉得心中特别委屈。除了有一套房子之外，她们的生活一天不如一天，最后贝太太只能将房子出租出去，依靠房租来度过以后的生活。

对于一个家庭来说，一旦成为房奴，除了要按月偿还贷款之外，还要将家庭的日常生活打理好。借贷购买房屋，是为了让家庭有一个更好的生活，在承担还款压力的同时，要拿出一部分财富为家庭的日常生活支出。对于那种不顾家庭的现状、以牺牲家庭日常生活来贷款购买房屋的家庭来说，一旦出现意外情况，就会很难应付，甚至给整个家庭巨大的打击。

第五十一节　理财投资风险不宜过高

对于房奴一族来说，一定要制定一个长期的还贷规划。每个月将银行的贷款还上以后，其余的部分不管是用于日常生活消费，还是用于其他项目的理财投资，都要有所侧重，让家庭的有限财富真正投资到与之相适应的地方。由于房贷的压力，房奴家庭在进行相关的理财投资时，一定不要承担太大的风险。一般来说，房奴家庭的整个经济运营都处于一种十分紧张的状态。因风险过大，一旦出现意外状况，整个家庭的生活就会陷入困境。为了让房奴家庭降低整个投资过程中的风险，有三个要点一定要把握好。

要点之一：全面规划好家庭的现金

对于房奴家庭来说，要想进行相关的理财投资，首先要做的就是，对家庭收入的现金做一个全面的规划。规划制定好以后，不管是按期偿还贷款，还是去投资其他的理财项目，都以这一个规划为依据。对于有限的家庭现金做好全面的规划，是家庭理财的一个前提。

汪女士夫妇是房奴一族，家庭每个月的总收入是8000元。汪女士一个月的工资是2000元，丈夫一个月的工资是6000元。由于家里每个月都要偿还一部分银行贷款，所以汪女士每个月都要做好详细的规划，每一项消费的支出都要在规划中有所体现。上个月汪女士对于家庭的现金财富做了这样的规划。2000元的现金，用于偿还银行的住房贷款；1500元用于日常的饮食所需；2500元存入银行的存款账户中；1000元为将来的孩子存下养育费用；1000元用于保险投资及其他的意外支出。对于汪女士来说，她对于家庭的整个现金收入有了一个合理的规划，并在接下来的实际消费中，以制定好的规划来支出。在支出过程中，能少支出一部分解决问题的，她总是能少支出一些。20年以后，汪女士的家庭还清了贷款，孩子也长大成人，家里还积蓄下了60万元的财富。再过几年夫妻两人一退休，养老金就可以按月支取，幸福生活离他们越来越近。

要点之二：理财投资要以保守为主

房奴在对家庭的现金财富进行规划的时候，一定要把握好一个保守的原则。考虑到房贷的压力，房奴家庭不管去投资什么理财项目，都要尽可能趋于保守。对于一些高风险的投资项目，即使家庭的经济实力和知识储备具备相关的投资条件，也要以一种谨慎的态度来对待。

史女士虽然是房奴一族，但是由于她和丈夫的收入水平还不错，所以除了偿还银行贷款和日常生活支出之外，还有一部分的闲散资金。这一笔资金，每个月大约有3000多元，在经过了半年的积蓄之后，这一笔资金已经有2万多元。史女士想用这2万元去投资一些理财的项目，从而取得一定的收益，让自己的家庭过上更好的生活。在对自身的素质以及家庭的现状进行了冷静的思考之后，史女士投资1万元开了一家小小的餐饮店。虽然得到的收益不是太多，但是每个月3000元的纯收入，也确实给她的家庭带来了一笔小小的财富。汪女士可以用这一笔财富来做许多的事情。

要点之三：家庭保障要健全

虽然对于房奴一族来说，家庭的日常生活或多或少的受到贷款的影响，但是在具体的消费行为中，家庭保障方面的投资还是不可或缺的。每一个家庭成员都要有一个基本的生活保障，尤其是家庭财富的创造者。

对于一般的房奴家庭来说，家庭财富的创造者是夫妻双方。在将有限的资金投资到家庭保障方面的时候，一定要充分考虑到夫妻双方的情况，尽可以提供一种稳定的生活和健康保障，确保家庭的财富来源，不会因为创造者的疾病或者其他问题而发生锐减甚至丧失。

杨先生是房奴一族，每个月的收入是7000元。家庭的日常支出都按照制定的规划，一项一项地落实。在还贷款的第一年里，杨先生除了还上银行贷款，为孩子留下一部分积蓄，以及满足日常生活的支出之外，基本没有考虑自己个人的保障。终于有一天，杨先生生了一场病，这一场病不算太大，但还是消费了家庭5000元的积蓄。不仅如此，在他生病的日子里，家庭的收入锐减。在这之后，杨先生意识到了问题的严重性，每个月都支出500元为自己的健康投资一份保障。或者定期改善生活水平；或者带家人出去爬山，进行体育锻炼；或者到公园去旅游，让自己的身心放松。在接下来的一年里，杨先生精神饱满地投入到工作当中，不仅为家庭带来了更多的收益，而且还没有从积蓄中消费一点财富。对于杨先生的家庭来说，这一份个人的保障投资，不仅惠及了杨先生，还为家庭提供了更有力的保障。

对于将要做房奴或者已经是房奴加孩奴一族的家庭来说，在对家庭财富进行分配的时候，一定要为孩子准备一份应有的成长财富。孩子对于一个家庭的意义不用做过多的阐述，只有孩子健康快乐地成长，才能算是有一个完整的家。

于女士是房奴一族，她的月收入是1500元，丈夫的月收入是8000元。对于每个月近1万元的家庭收入，于女士除了偿还银行贷款1500元、存款2000元、日常生活费用支出1500元、生活和健康保障支出1000元，及其他的支出之外，每个月为未来的孩子存下2000元。经过两年的积蓄，于女士单为孩子准备的存款就已经有5万元。在和丈夫沟通过之后，汪女士决定在未来的一年之内拥有一个自己的孩子，让这个家庭变得更加完整和完美。

对于夫妻双方来讲，每一方都有父母需要赡养，这一项财富的投资，也要引起房奴家庭的充分重视。在自己小家庭的生活得到保障之后，也要为双方的老人提供一个相对较好的生活和健康保障。

巫女士和丈夫两个人都是上班族，他们贷款购买房子，每个月要偿还2000元的银行贷款。巫女士每个月的收入是2000元，丈夫每个月的收入是8000元，整个家庭的月收入是1万元。在对家庭的财富进行分配的时候，巫女士每个月都往一个固定的银行账户中存入500元。对于这一项存款的用处，巫女士是要为以后双方父母养老准备的。虽然双方父母要再过几年才能退休，而且退休后都有养老金，但是巫女士还是准备了这样一笔财富。五年之后，双方的父母相继退休，巫女士为双方父母准备的养老金总额也达到了3万元。从父母退休的那一年起，每年巫女士都给双方的父母寄去养老金，每一年每一方大约是3000元。再过五年之后，巫女士对于这一项的支出已经达到3万元。然而，对于双方的父母来说，他们都有养老金，巫女士寄给他们养老金，如果不收怕埋没了这一份孝心。双方的父母私下里达成了一个协议，巫女士寄给他们的这一笔钱他们存起来，如果没有意外发生，等将来给巫女士的儿子上大学用。

对于家庭投资者来说，理财的目的是为了得到一定的收益，所以其投资应该采用一种温和的投资方式。在具体操作的时候，可以采用中庸一点的方法，选择那些风险适中的理财产品，这样才能让理财真正发挥出其应有的意义。

第五十二节　及时关注银行贷款利率

对于房奴一族来说，有一个关键的点是必须要时时关注的，那就是银行的贷款利率。一般情况，贷款利率的变动对房奴的还款额度有特别大的影响。所以房奴要紧跟银行贷款利率的行情，一旦利率有变动，就要马上采取相应的措施，以尽可能减少对家庭的压力。银行贷款利率，一般有三方面的变化。当遇到利率变化的情况，就要采取与之相对应的措施。

变化之一：银行贷款利率长期相对平衡

如果银行的贷款利率在一个相对较长的时间内没有什么大的波动，整体保持一种相对稳定的状态，这对于房奴一族来说是一个利好的消息。这里说的贷款利率的整体稳定，不是绝对没有波动，而是上下波动的幅度较小。通常在半年到一年甚至更长的时间里，贷款利率是波动零点几个百分点，基本控制在百分之一以内。我们就可以认为银行的贷款利率处在一个相对平稳的状态。在银行贷款利率平稳的状态下，房奴每个月要偿还的贷款数额基本保持在同一水平，这在无形中就等于减轻了房奴家庭的经济负担。

温先生是房奴一族，他贷款购买了一套一百平方米的房子，接下来的二十年里，他每个月都要向银行偿还1500多元的贷款。温先生每个月的工资是6000元，妻子是全职的家庭主妇，主要负责日常的家庭事务以及接送孩子上下学。在还贷款的第一年里，对于温先生来说，是一个非常好的年景。银行的贷款利率在这一年内只调整了一次，而且上下调了不到百分之零点一。温先生基本上每个月只要偿还1500元的贷款额度。

对房奴一族来说，这种相对平稳的贷款利率，在现实的贷款买房中是很少见的。特别是近几年来，随着国际局势的变化，整个国际的投资环境存在着很大的不确定性，所以银行利率的调整是很频繁的。这种频繁的利率变动，会对房奴的生活产生非常大的改变。

变化之二：银行贷款利率经常上调

在一定的时期之内，如果银行的贷款利率经常上调，而且上调的幅度很大。这对于房奴一族来说不是一件好的事情，甚至是一种沉重的打击。银行的贷款利率每上调一个百分点，对于房奴来说，都意味着要多付出一笔钱。上调的百分点数越多，上调的次数越密集，对房奴家庭的打击就会越沉重。在银行经常上调贷款利率的背景下，房奴要想维持正常的家庭生活，就要想办法扩大自己家庭的收入，否则，很可能导致生活水平越来越差。银行的贷款利率每上调一个百分点，如果房奴不相应地扩大家庭的收入，他们家庭的生活水平就会降低一个等级。

红女士是房奴一族，每个月的收入是2000元，丈夫每个月的收入是8000元。每个月他们要偿还银行贷款2000元，剩下的钱用来维持日常的生活以及家庭财富的积蓄。在红女士家庭偿还贷款的第三年，由于国际金融危机的影响，整个国际市场的消费水平下降，这种影响也波及国内。在一年之内，银行的贷款利率上调了三次，这对于红女士的家庭来说可不是一件好事。银行每上调一个百分点的贷款利率，就意味着红女士的家庭每个月要多偿还银行500多元的贷款数额。如果银行保持现在的利率不变动，计算一下整年的还款数额，在这一年之内，红女士的家庭就要多偿还银行1万多元的贷款。这在一年之内多向银行支付1万多元的贷款，相当于红女士家庭的一个月收入。如果在第四年的时候，银行的贷款利率再大幅度上调，而红女士家庭的收入不增加，这也就意味着他们整体的生活水平在不断地下降。

变化之三：银行贷款利率经常下调

在一定的时期之内，如果银行的贷款利率经常下调，而且下调的幅度很大。这对于房奴一族来说是一件好事。银行的贷款利率每下调一次，对房奴来说，就会少支出一笔家庭财富。如果在一年之内银行连续下调贷款利率，这在一定的程度上就相当于为房奴解锁，让他们身上的压力慢慢减轻。

宫先生是房奴一族，他每个月的收入是8000元，妻子是全职的家庭太太。每个月宫先生都要支付给银行约2000元的贷款。宫先生只能用剩下来的钱来维持家庭的日常生活以及家庭财富的积蓄。在宫先生偿还贷款的第四年，国家为了刺激国内的消费，从而推动整体经济的发展，一年内连续下调银行的贷款利率。这对于宫先生的家庭来说是一件十分利好的消息。银行的贷款利率每下调一次，宫先生的家庭就会少支付一定数额的贷款。一年下来，竟然也少偿还了约1万元的贷款额度。1万元对于宫先生的家庭来说，相当于一个多月的收入。如果这种相对宽松的政策能持续几年，对于宫先生的家庭来说，就可以少偿还一笔不小的贷款。这在一定程度上等于减轻了宫先生家庭的负担，他们家庭的整体生活水平在无形中得到了改善和提升。

对于房奴一族来说，一定要密切关注银行利率的变化，并根据利率的变化对家庭的理财投资做出相应的调整。房奴只有学会在银行的利率变化之间自由穿梭，才能让自己的家庭有一个更好的生活。

冷先生是房奴一族，他每个月的收益是8000元，妻子是全职的家庭主妇。每个月在偿还银行2000元贷款之后，只能用剩下的6000元来维持家庭的日常生活。在冷先生贷款购买房屋的前两年，由于银行贷款利率较稳定，冷先生每个月都只按照约定的比例来还款。从第四年开始，银行的贷款利率下调了，还且下调的比例很大。冷先生抓住这次机会，每个月都多偿还一部分贷款。在接下来的三年里，银行经常性地下调贷款利率，冷先生根据自己家庭的实际情况尽可能提前还款。三年之后，银行的贷款利率又开始上调，冷先生又根据实际的数值调整自己家庭的还款额度。几年下来，冷先生竟然少偿还了3万多元的贷款。对于房奴家庭来说，在一定程度上减轻了生活的压力和负担。

对于理财投资者来说，不管是采用哪一种理财方式，都直接地或者间接地受到银行利率的影响。尤其是需要贷款投资的时候，更应该关注贷款的利率。选择一个最佳的时间去银行贷款，可以节省出一笔不小的钱，省钱本身也是一种理财。

第五十三节　别让房贷影响了事业

对于一个家庭来说，没有属于自己的房产，在中国人的观念里就不算拥有一个完整的家。但是实际上，如果一个家庭的整体收入水平达不到一定的水平，而一定要在某些大城市购买房产，这其实是一个十分危险的行为。一些家庭为了在一些大城市得到属于自己家庭的房产而去申请贷款买房，这本来是一件无可厚非的事情。但是，由于现实的压力和许多不确定因素的影响，使得一个家庭在贷款购买房屋的时候，不得不充分考虑两种基本的关系。只有对这两种基本的关系做出一个全面的认识，并综合自己家庭的实际情况，再决定去不去贷款购买房产，贷款多少去买房产，贷款去买什么样的房产。

关系之一：家庭的现状和房贷的关系

对于一个家庭来说，如果要去贷款购买房产，首先要考虑整个家庭的收入现状以及整体的消费水平。如果一个家庭的整体收入，在偿还了银行的贷款之后，还有相当一部分的资金可以完全应付日常生活投资和家庭财富的积蓄，那么就可以去申请贷款购买房产。如果整个家庭的收入，在每个月偿还了银行贷款之后，只有很少的一部分资金，甚至可能出现入不敷出，最好就不要去贷款购买房产，以免对整个家庭造成巨大的负面影响。

　　叶先生夫妇是一对打工族，他们在某大城市打工。两个人每个月的总收入是6000元，在经过几年的财富积蓄之后，他们的家庭也拥有了一笔10万元的存款。于是，夫妇两个开始考虑购买房产的事情。对于他们打工的城市来说，如果夫妇两个贷款购买房产，基本的要求整个家庭也能达到。但是问题是，如果他们在这个城市购买房产，在每个月偿还银行的贷款之后基本没有什么积蓄，如果在漫长的还款过程中，一旦出现什么意外情况，叶先生的家庭根本没有能力去应对。如果他们在家乡的城市贷款购买房屋，叶先生就可以轻松应对，而且每个月还可以有一笔不错的积蓄。夫妇两个在慎重考虑了家庭的整体收入现状以及贷款购买房产对于整体家庭的影响之后，两个人做出了决定：不在打工的城市购买房产，而是在他们家乡的一座城市贷款购买房产。这样一方面，他们可以少偿还一部分银行的贷款，让整个家庭有一个更好的生活；另一方面，随着夫妇两个年龄的增长，在大城市打工的时间剩下的也不多了。少消费许多的家庭积蓄，同样也能得到相应的房产，而且房产的面积也比大城市要大。叶先生夫妇就是认真思考了自己家庭收入和房贷的关系，做出了适合自己的决定。

　　房先生夫妇从老家出来，到大城市打工。作为一对普通的上班族，他们每个月的总收入只有5000元。在经过了几年的财富积累之后，他们拥有了约5万元的家庭存款。看着和自己一起出来打拼的人，都在这座城市拥有了自己的房产。房先生也考虑要在这座城市购买属于自己的房产。于是，房先生夫妇就贷款在这座城市里购买房产。在交了5万元的首付之后，房先生终于住进了属于自己的房子。当搬进新房的冲动和激动慢慢消退之后。每个月2000元的贷款，让房先生的整个家庭陷入了一种焦虑之中。每个月先要偿还银行的2000元贷款，然后用剩下的3000元维持日常的生活。这3000元除去吃饭穿衣以及子女上学的费用之后，基本没有节余，甚至还出现入不敷出的现象。

一年之后，由于受国际市场的影响，银行连续三次上调了银行的贷款利率，房先生不得不为此多偿还一笔贷款。只有到这个时候，房先生才真正意识到，自己在贷款购买房产的时候，没有充分考虑到自己家庭的现状，就让自己的家庭背负起了一个重重的壳。在一次出差的路上，房先生出了车祸，三个月之内他不能自由走动。出院后，还要休养好一段时间才能恢复到之前的状态。由于没有按时偿还贷款，房先生的房子被银行拍卖，他们又回到了租房的生活中。对于整个家庭来说，生活水平不但没有上升，反而下降了不少。对于房先生来说，本来购买房产是为了让家庭成员有一个更好的生活，但是现在却因为贸然的贷款买房，而使得整个家庭生活陷入了更困难的境地。

关系之二：房贷和事业之间的关系

对于一个家庭来说，虽然房产具有很重要的意义，但是整个家庭的事业应该放到一个更高的层面上。一个家庭要想拥有更大更好的房产，就必须有一笔强有力的财富收入作为支撑。一般的房奴家庭，财富的主要创造者的事业，在一定程度上就是整个家庭的事业。如果在可以预知的时间里，家庭的事业水平非常有限或者说达不到一定的高度，那么房奴们在贷款购买房产的时候，一定要考虑到房贷和事业之间的平衡关系。当房贷的水平和事业的创收水平处于同一个等级的时候，这说明整个家庭的运营处在一种相对平稳的状态。如果房贷的水平有可能高于事业的创收水平，那么这个家庭的风险是巨大的。

白先生是一家企业的职员，每个月的收入只有5000元，妻子是全职的家庭主妇。虽然白先生暂时的收入水平还很低，但是他对于自己所从事的行业十分了解，在未来的三到五年之内，他会有巨大的提升，整体的收入水平可上涨几倍。看到别的家庭都贷款购买自己的房产，妻子也开始着急起来，也想着去贷款买房。"看着天天上涨的房价，越往后推价格越高，到时候偿还的贷款数额就越大。"妻子经常在白先生面前唠叨这些事情，但是白先生并没有因此而冲昏了头脑，他仍保持着十分清醒的头脑。现在家庭的整个状态不具备贷款购买房产的条件，不能让家庭陷入一种困境。在以后的几年里，白先生的收入不断得到提升，三年之后他的月收入竟然达到了5万元。这对于白先生的家庭来说是一个十分利好的消息。白先生收入的增加，是他在事业上取得成就的一种反映。与白先生的事业相一致，他的家庭可以申请贷款，轻松地购买了一套200多平方米的房子。如果白先生在月收入5000元的时候去贷款买房，可能就会对他的事业甚至整个家庭带来无穷的麻烦。

对于一个家庭来说，一旦为房奴一族，就要面对现实。根据自己家庭的实际情况，每个月及时偿还银行的贷款，用余下来的财富去打理日常的家庭生活。千万不能出现还不上贷款的情况，如果那样的话，多年的奋斗就可能毁于一旦。